ARCHITECTURE ET ART SACRÉ ARMÉNIENS

www.librairieharmattan.com
diffusion.harmattan@wanadoo.fr
harmattan1@wanadoo.fr

ISBN : 2-296-01442-9
EAN : 9782296014428

Maryse et Albert KHAZINEDJIAN

ARCHITECTURE ET ART SACRÉ ARMÉNIENS

Aperçu et divers aspects

L'Harmattan
5-7, rue de l'École-Polytechnique ; 75005 Paris
FRANCE

L'Harmattan Hongrie
Könyvesbolt
Kossuth L. u. 14-16
1053 Budapest

Espace L'Harmattan Kinshasa
Fac..des Sc. Sociales, Pol. et
Adm. ; BP243, KIN XI
Université de Kinshasa – RDC

L'Harmattan Italia
Via Degli Artisti, 15
10124 Torino
ITALIE

L'Harmattan Burkina Faso
1200 logements villa 96
12B2260
Ouagadougou 12

PREFACE

En 1994-1995, nous avions fait quelques évocations radiophoniques concernant l'art sacré arménien.
Nous rapportons ici les textes de ces onze émissions ; nous avons tout de même adapté quelque peu le langage parlé pour l'écrit.
Il est évident que pour décrire l'art sacré arménien en détail il eût fallu au moins onze fois onze émissions, et encore le sujet aurait été loin d'être épuisé.
Une minorité de savants connaît la contribution immense apportée par les Arméniens à l'art byzantin, à l'art roman, à l'art gothique et à l'art musulman.
Qui sait, pour ne prendre que cet exemple, que l'église de Germigny-des-Prés, à côté d'Orléans, est une réplique d'Edchmiadzin ; elle contient la copie d'une fresque de l'église de Tékor (V° siècle), près d'Ani, aujourd'hui située à l'est de la Turquie ?
En Espagne, à San-Miguel de Lino, l'architecte arménien de Charlemagne, qui avait construit Germigny-des-Prés, a édifié au IX° siècle, un autre sanctuaire semblable à Edchmiadzin.
Les images des mosaïques, des fresques, des tapis, des tentures, des tissus précieux n'ont pas été incluses afin de conserver au texte son caractère radiophonique. Les ouvrages d'art cités permettront, à ceux qui le désirent, de les admirer.
Nous ne prétendons pas produire un catalogue qui viendrait s'ajouter aux innombrables livres d'art luxueusement illustrés.
Le présent écrit n'est qu'un aperçu bien incomplet des innombrables facettes de l'architecture, de la musique et de l'art sacrés arméniens. Cependant, notre intention est d'établir, sinon de rétablir, des vérités ignorées, sciemment ou inconsciemment, par de nombreux spécialistes.
C'est là que se trouve l'originalité de cet ouvrage.
Toutefois, pour qu'on puisse avoir une idée des édifices qui renferment ces trésors, nous donnons, à la fin du présent écrit, quelques plans et reproductions d'églises, que nous avons dessinés.
Nous avons ajouté un croquis, fait de mémoire, représentant le reliquaire de la cathédrale de Trèves, ciselé par un artiste arménien.

Deux exceptions :
- le reliquaire d'Edchmiadzin, photographié fermé et ouvert, afin que l'on puisse admirer ce chef d'œuvre d'orfèvrerie (pages 101-102) ;
- une photographie d'une des sculptures de la Sainte-Chapelle à Paris, représentant la cathédrale de Zwartnots (page 104).
Nous ne sommes pas, non plus, entrés dans les détails théologiques, christologiques et historiques de l'Eglise arménienne.
Si les lecteurs éprouvent le besoin d'approfondir leurs connaissances au sujet de la première Eglise du monde qu'est l'Eglise arménienne apostolique, universelle et orthodoxe, ils consulteront :

- L'Eglise arménienne dans l'Eglise universelle
- L'Eglise arménienne dans l'œcuménisme
- La Pratique Religieuse dans l'Eglise arménienne apostolique d'Albert Khazinedjian, chez l'Harmattan.

Ils pourront, aussi, se rendre sur tous ces sites, en Europe ou à l'occasion d'un voyage en Arménie ; ainsi ils vérifieront par eux-mêmes combien la réalité est supérieure à tout ce que les albums ou ouvrages d'art montrent dans leurs pages glacées.
La bibliographie, placée à la fin du présent livre, leur donnera encore de multiples indications.

Les auteurs

INTRODUCTION A L'ART SACRE ARMENIEN

(*première émission*)

Maryse : Nous débutons aujourd'hui une série d'émissions consacrée à l'art sacré arménien.
Nous sommes conscients de dévoiler, à ceux qui nous font la grâce de nous écouter, une partie du patrimoine de l'humanité, en général, et du christianisme, en particulier. Pourtant la plupart de nos auditeurs n'en ont jamais entendu parler. Il ne nous semble pas qu'aucune radio ni aucune chaîne de télévision ont, simplement un jour, effleuré le sujet.

Albert : Placée aux confins de l'Orient, en *poste avancé de la civilisation occidentale*, comme le souligne l'historien Jacques de Morgan, l'Arménie s'est donnée au Christ définitivement.
Entourée de peuples hostiles, en butte aux invasions de toutes sortes, elle a maintenu, vaillamment, et toujours seule, oubliée par ses sœurs d'Occident, le flambeau du christianisme. Au prix des tourments les plus douloureux, malgré le risque de disparaître pour toujours, elle a conservé, contre vents et marées, la Lumière apportée par les apôtres Jude-Thaddée et Barthélémy. Depuis près de deux mille ans cette flamme brûle devant l'autel de saint Grégoire l'Illuminateur.
Par ses origines, sa religion, sa littérature, son art l'Arménie est occidentale ; pourtant ceux de son camp l'ont toujours abandonnée, et, souvent même, trahie. C'est peut-être la mauvaise conscience qui a conduit la grande majorité des intellectuels occidentaux à éluder l'art sacré arménien ; ce qui consiste à couper une des racines des arts chrétiens byzantin et latin.
Ceux qui connaissent ce rôle de précurseur et d'initiateur de l'art sacré arménien, et qui ont le courage d'en parler, se comptent sur les doigts de la main.
Mais on ne peut pas mettre la lumière sous le boisseau !
Les ruines des monuments, victimes de l'ethnocide turc, révèlent cette vérité aux yeux de ceux qui savent voir.
Aux théories de touristes défilant en Anatolie on présente ces sanctuaires comme ayant appartenu à un peuple dont on ignore les origines. La plupart de ces touristes ne s'inquiètent pas de savoir quelle nation chrétienne oubliée a pu construire ces merveilles. Il

arrive que de rares intellectuels, perdus au sein de ces troupeaux, soient capables de reconnaître, sinon de déchiffrer, les caractères arméniens dans ces inscriptions lapidaires. Ceux-ci ne se sont pas contentés d'entreprendre un voyage banal pour en décrire les détails culinaires ou hôteliers à leurs amis tout en projetant distraitement les images de ces sanctuaires ; ils ont cherché à se documenter, ils ont même appris que les plus belles et les plus anciennes mosquées de Turquie sont aussi le fait de maîtres d'œuvre arméniens. Leurs yeux ont vu, leurs oreilles ont entendu et décrypté le jargon du guide, mais combien sont-ils ?

Lorsque les scribes et les pharisiens conseillaient à Notre-Seigneur de faire taire le peuple de Jérusalem, qui l'acclamait le jour des Rameaux :

«*S'ils se taisent*, leur dit-il, *ce sont les pierres qui crieront*».

Les Arméniens, massacrés ou chassés des plaines d'Anatolie, se sont tus mais les pierres de leurs églises clament et clameront la vérité de plus en plus fort.

M. : On retrouve des sanctuaires du même type, restaurés un à un, en Arménie. En dehors de la Turquie, ils sont répandus aussi en Géorgie, Azerbaïdjan, dans le Nord-Ouest de l'Iran, et même, quelques-uns, au sud de l'Ukraine.

Le roi Tiridate III ayant proclamé, en 301, le christianisme religion d'Etat en Arménie, fit remplacer, avec l'aide de son cousin, saint Grégoire l'Illuminateur, les temples païens et les statues des idoles par des basiliques et des églises.

A partir du V° siècle, l'art sacré arménien fait preuve d'une grande richesse. Les lignes des monuments sont dépouillées, parfois jusqu'à l'austérité, indemnes des fioritures orientales, échappant au gigantisme, à l'emphase et au maniérisme caractérisant certaines œuvres chrétiennes.

De même que les rhétoriciens aiment bien les classifications pour assujettir les protagonistes, architectes et archéologues adorent rattacher tel ou tel trait à une école ou à un style donnés. Si les maîtres d'œuvre de ces bâtiments arméniens se sont inspirés des constructions de Sumer, Babylone, Ecbatane ou autres, ils ont su digérer et assimiler leurs modèles en marquant leurs productions d'une empreinte originale et inédite.

On y retrouve le mystère de l'édifice conçu et réalisé juste. L'architecture ecclésiale arménienne est, en revanche, à l'origine des églises byzantines, romanes et, pour certains traits, gothiques.
Les architectes arméniens ont aussi inventé l'architecture musulmane. De même que la technique des miniatures et des enluminures a été enseignée aux moines occidentaux par leurs homologues arméniens. Sans parler des reliquaires, croix, ciboires, tabernacles, fresques procédant de la même géniale simplicité, de la justesse du trait, de la concision dans l'expression du message divin. Les églises devinrent les écrins de pierre de ces joyaux.

A : Les Arméniens inauguraient un nouveau style. Le roman arriva en Europe à partir du IX° siècle ; or, dès le V° siècle, les architectes arméniens avaient découvert la forme en croix, le sanctuaire ouvert sur la nef ou les transepts par l'intermédiaire d'un chœur plus ou moins important, les pendentifs, les murs porteurs, etc.
Le roman européen du IX° siècle était le roman méridional ; il n'avait pas encore atteint la perfection de l'église arménienne des V°, VI°, VII° et VIII° siècles. En Occident la plénitude sera atteinte à Cluny, au IX° siècle. Les moines clunisiens avaient certainement été à l'école des bâtisseurs arméniens, et ont exalté, parfois, les leçons de leurs maîtres. On voyageait beaucoup en ces temps. L'enseignement se donnait tout au long des chemins de pèlerinage ; ce qui explique le décalage entre l'art qui naquit en Arménie et celui qui se développa en Europe plus tardivement.
Dès les IX°-X° siècle les architectes arméniens avaient inventé les arcs en plein cintre, les nervures, les faisceaux de colonnes accolées et les voûtes en ogive ; tout ce qui allait caractériser l'art gothique, apparu en Occident, à partir du XII° siècle, pour y atteindre au grandiose et, parfois, au sublime.
D'innombrables oratoires, églises, monastères, basiliques, cathédrales couvrirent le territoire de l'Arménie, du IV° au XVII° siècle, d'Erzindjan à Ardahan et Kars, de Tabriz à Adana, du Nakhitchevan au Djavakh, de Tiflis à Bakou, d'Ani au Karabagh, d'Erzeroum à Kharpert, du lac de Van au lac d'Ourmia en passant par le lac Sévan[1], qui sont les trois lacs arméniens. La seule ville

[1] Pour mémoire, les lacs de Van et d'Ourmia sont des étendues d'eau salée ; celui de Sévan contient de l'eau douce. Dans ce dernier, situé à 2.000 m., on pêche l'omble chevalier (*poisson des princes en arménien*) et le lavaret.

d'Ani, capitale de la Grande Arménie au Moyen-Age, renfermait mille et une églises.
Nous l'avons dit le genre de constructions chrétiennes, créé par les maîtres d'œuvre arméniens ne partait pas de zéro. L'homme n'invente rien. Il suit, s'il est observateur et inspiré, le rythme et l'agencement de la nature. S'il est imaginatif, au lieu d'imiter servilement ce qui l'entoure, il dispose et adapte son ouvrage afin de le diversifier et de suggérer l'infinité à travers ce qui semble l'unicité de sa production.

M. : Les philosophies anciennes, l'équilibre presque parfait des pyramides, l'agencement ingénieux des constructions grecques et latines, entre autres, sont encore un sujet d'émerveillement ; mais le génie du christianisme a vidé ces créations de leur essence.
Les Arméniens détruisirent les monuments païens dans leur pays ou en transformèrent certains en églises ; ces temples furent une source d'inspiration pour les architectes chrétiens.
Le temple païen célébrait les pulsions et les passions humaines avec leurs côtés ludiques, parfois même puérils, souvent cruels et sanguinaires. La maison de prières chrétienne rappelle que le Royaume n'est pas de ce monde ; son atmosphère doit en favoriser la recherche en élevant, par la méditation et les oraisons, l'esprit du fidèle.
Imprégné par la foi, le constructeur arménien a réussi à maîtriser cette harmonie, transformant l'art ecclésial et abbatial en un art nouveau. L'art sacré arménien fait la synthèse de la morale active de l'Occident et de la mentalité contemplative de l'Orient.
L'Eglise arménienne a été la première à envoyer des missionnaires, jusqu'en Chine, en Inde, dans les îles de la Sonde, au V° siècle ; et jusqu'en Norvège et en Islande, vers les X°-XI° siècle ; voilà pour la morale active.
Héritiers du monachisme et de l'érémitisme égyptiens, les Arméniens les ont enseignés et propagés de la Cappadoce aux frontières de la Perse ; voilà pour la mentalité contemplative.

A. : Grâce à ces deux racines de la spiritualité, surmontant toutes les vicissitudes, l'Arménien voulut transmettre la glorification du

---

Le lac de Van a été annexé par la Turquie, celui d'Ourmia, par l'Iran ; seul le lac Sévan se trouve encore en Arménie.

Seigneur, même aux pierres stériles. Il répandit, sur des centaines de milliers de kilomètres carrés, ces sanctuaires ramassés, à plan central surmonté d'un tambour, recouvert d'un dôme pyramidal ou conique s'appuyant sur des absidioles en hémi-coupoles.
Mettant sa vitalité au service du Royaume de Dieu, il chanta le psaume 100 :
«*Exultez vers le Seigneur, habitants de la terre*
Servez le Seigneur avec joie.
Entrez en sa Présence...
Entrez dans ses portes en le confessant et dans ses demeures en le bénissant».
Les jeux d'ombre et de lumière, tombant de haut ou venant du bas, selon les heures du jour ou des saisons, favoriseront la joie ou la méditation, la prière ou l'adoration. Il faut se sentir bien et libre dans la Maison de Dieu, comme le proclame le psaume 26 : «*Seigneur, j'aime la grâce de Ta maison, de ce lieu où est Ta gloire*».
Ainsi l'architecte, qui est aussi un artiste inspiré, fera de l'église un espace à la dimension de l'homme, tout en lui faisant entrevoir l'éternité ; l'agencement des blocs de pierre participera à la liturgie : «*Portes, élevez vos linteaux, élevez-vous portes éternelles et que le Roi de gloire fasse son entrée*» (*psaume 24*).

M. : D'où vient le génie de l'architecture chez l'Arménien ? On peut dire qu'il est conditionné par deux facteurs de base : les origines et la configuration géographique du pays.
Voyons, rapidement, les origines ; elles remontent à un peuple raffiné, de loin supérieur à tout ce qui existait alors en Mésopotamie et au Caucase, les Hourrites. Détachés de la grande migration indo-germanique vers le Pendjab, ils s'installèrent aux origines de l'Euphrate, vers le XVIII° siècle avant Jésus-Christ. Grâce à leurs qualités de stratèges et à un animal inconnu, le cheval, ils se taillèrent le royaume du Mitanni.
A l'ouest, dans ce qu'on appelle actuellement la Turquie, vivait une nation assez évoluée, les Hittites. De bonnes relations s'établirent entre ces deux peuples ; ensemble ils tinrent tête à l'Assyrie et parvinrent même à la dominer. Les reines hittites, en majorité, furent d'origine hourrite.
Frondeurs et indisciplinés, les dynastes hourrites finirent par être vaincus par les Assyriens. Leurs royaumes, Mitanni puis

Hanigalbat, s'émiettèrent en une multitude de principautés, entre les lacs de Van et d'Ourmia ; ce furent les principautés Naïri, qui s'allièrent à un peuple sémite, les Araméens, pour repousser les Assyriens.
Au IX° siècle avant Jésus-Christ, un souverain énergique, Aramé[2], réunit les états Naïri pour former le royaume d'Ourartou. Il fit de Touchpa (*aujourd'hui Van*), sur les bords de la mer de Naïri (*lac de Van*), sa capitale.
Les Hourrites et les Ourartéens savaient utiliser la pierre et le bois dans la construction. Un aqueduc de 80 km, qu'on appelait le *canal de Sémiramis*, conduisait l'eau des montagnes à Touchpa ; il existe encore et sert aux habitants, turcs et kurdes, qui, - après avoir massacré et chassé les Arméniens de la terre de leurs ancêtres -, occupent aujourd'hui la région.
Autour du VI° siècle avant Jésus-Christ, le roi Arguichti agrandit son territoire vers l'est et fonda Erébouni (*aujourd'hui Erévan*).

A. : Ces ancêtres sont à l'origine des connaissances architectoniques arméniennes. Les Ourartéens avaient inventé la technique du dôme, utilisant plus volontiers le bois que la pierre. Aux angles d'un carré, monté sur quatre colonnes ou quatre murs, ils disposaient transversalement des poutres l'une sur l'autre puis couvraient le tout d'un toit conique.
Les constructeurs de cathédrales, de basiliques, d'églises préférèrent la pierre au bois, modifièrent, la plupart du temps, le tambour quadrangulaire en angulant les traverses pour obtenir un ensemble octogonal ; quant à arrondir les angles, cela devint presque un jeu. Aux poutres horizontales se substituèrent, parfois, des colonnettes verticales pour supporter un dôme toujours pyramidal ou conique. De nombreuses autres variantes sont à considérer. La même technique fut appliquée aux premières mosquées, - dont le tambour devenu minaret, parut plus élancé -, en Turquie, en Iran, en Syrie, en Iraq ; toutes construites par les Arméniens.
Les églises byzantines ont aussi copié ce modèle à plan central, recouvert d'un tambour surmonté d'un dôme. Anthémius de Tralles et Isidore de Milet, en érigeant Sainte-Sophie de Constantinople, ont suivi l'enseignement des maîtres arméniens. Après le tremblement

[2] Ce nom trouve son origine dans le dieu indien, Rama.

de terre du X° siècle la coupole de Sainte-Sophie fut reconstruite par l'Arménien Tiridate, architecte de la cathédrale d'Ani.

M. : Nous avons vu les origines, parlons maintenant de la géographie qui a conditionné cet art sans égal.
Le massif montagneux arménien domine la Mésopotamie, ainsi que la Transcaucasie ; les abords en sont raides, formés de hauts sommets de 3 à 4.000 mètres et culminant avec le mont Ararat à plus de 5.000 mètres. L'intérieur de cette forteresse naturelle est occupé par des bassins, des plateaux et des vallées. Les tables ne dépassent pas 1.500 à 2.000 mètres d'altitude ; elles sont arides et battues par les vents pluvieux de la mer Noire. Se faufilant au milieu des rochers, torrents, cours d'eaux rapides et tumultueux découpent de fertiles vallées où poussent les céréales et les arbres fruitiers. C'est là que, vers 68-66 avant Jésus-Christ, Lucullus découvrit deux fruits créés par les Arméniens, la cerise (*geras ou ceras en arménien, ceraseum en latin*) et l'abricot (*prunus armeniaca en latin*).
Le climat est continental. La température passe de 45° à l'ombre, en été, à -30°, en hiver. Il pleut rarement et le soleil brille presque toute l'année. Les tremblements de terre fréquents ajoutent leurs inconvénients à la rigueur météorologique. Rappelons que le séisme de 1988, qui a détruit les villes de Spitak et de Gümri et toute la région autour, a fait près de cent mille morts.
Le seul élément positif favorable à la conservation des édifices est la sécheresse. Ceux-ci doivent donc :
- résister aux écarts de température de l'ordre de 75°.
- être parfaitement proportionnés pour ne pas s'écrouler lors de la mobilisation des plaques tectoniques.
- servir de refuge pendant les invasions.
De très nombreux matériaux lapidaires, répandus dans de nombreuses carrières, pourvoient à la construction. On trouve des granits, des basaltes, des marbres de bonne qualité ; et, surtout, un tuf volcanique léger, résistant, de colorations variées, et relativement facile à travailler. Une main d'œuvre habile, laborieuse et ingénieuse facilite la tâche des architectes.

A. : Au début du IV° siècle les églises étaient à une ou trois nefs, selon le plan basilical des temples païens. Elles étaient d'ailleurs souvent élevées sur les fondations mêmes de ces temples ;

fondations formées, pour certaines, de briques entremêlées de pierres. Parfois c'était un lieu de culte païen intact, ayant échappé à la destruction, transformé et consacré en église. On se contentait de tourner l'abside de l'ouest vers l'est.
Sous l'impulsion de saint Grégoire l'Illuminateur, on fonda des maisons de prière un peu partout. Il fit construire, la première basilique de la chrétienté, Edchmiadzin, qui signifie *le Fils de Dieu est descendu.* Le Christ, apparu en songe à saint Grégoire, lui montrait les détails d'une construction en traçant un plan sur le sol à l'aide d'un marteau d'or. Au matin, saint Grégoire l'Illuminateur et le roi Tiridate III découvraient, à l'endroit indiqué, près de la capitale Vagharchapat, les contours d'une église dessinée par terre. A cet emplacement s'était dressé un temple probablement dédié à Aramazd (*le Zeus des anciens Arméniens*) ; les fouilles archéologiques y ont aussi découvert les restes d'une sorte de pyrée mazdéen. Sur ces fondations fut élevée, en 303, une construction quadrangulaire.
En 480, le prince Vahan Mamikonian la fit modifier en faisant surgir de chacun des quatre murs une abside hexagonale, et surmonter le tout d'une coupole octogonale sur quatre pendentifs. Il reprenait pour cela la technique des ancêtres ourartéens.
Le tambour surmonté d'un dôme devenait le motif central unificateur d'un ensemble cruciforme sur tous les plans.
Dès le V° siècle toutes les constructions religieuses arméniennes adoptèrent la forme en croix surmontée d'un dôme. Malgré cette caractéristique fondamentale, qui pourrait paraître monotone, il y a une telle diversité et une telle richesse dans la modulation de ces principes de base, qu'on ne peut que s'émerveiller devant ces œuvres d'art.

EGLISES DU IV° ET DU V° SIECLES

(*deuxième émission*)

Maryse : Comme nous le savons maintenant les églises arméniennes ont été les premières, dans l'histoire du christianisme, à se rehausser de dômes à partir du V° siècle.
Les spécialistes les plus compétents en matière d'architecture arménienne sont en faveur de la découverte par les Arméniens, avec quatre siècles d'avance sur l'Europe, de ce qui allait devenir l'art roman. Sans les Arméniens, Sainte-Sophie ou Ravenne n'auraient pas pris forme, et l'Occident n'aurait pas produit Saint-Sernin, Saint-Jacques de Compostelle, Cluny, etc. ; sans les inventions arméniennes en matière architectonique les constructeurs de Saint-Marc de Venise et même Saint-Pierre de Rome n'auraient pas donné la mesure de leurs génies.

Albert : Au IV°siècle, en Arménie, les basiliques imitaient le modèle syrien. Il s'agissait de simples salles carrées ou rectangulaires, - portant une charpente à deux versants -, recouvertes de tuile ou de basalte. Initialement à une seule nef, elles s'enrichirent très rapidement de travées latérales plus ou moins étroites, de même hauteur que la nef principale et assez souvent barlongues, c'est-à-dire de longueurs différentes. Des fenêtres et des baies perçaient les murs latéraux, privant la nef centrale de lumière ; ce sera l'une des raisons de l'apparition des coupoles, dont les ouvertures éclaireront ladite nef centrale.
Les curiosités d'ajustement des charpentes mises à part, l'aspect de ces basiliques n'avait rien de bien intéressant. Les Arméniens ne s'accommodèrent pas de ces toitures impersonnelles et fragiles ; délaissant le bois, ils supprimèrent les charpentes au profit de la pierre dont leur pays était largement pourvu, et qu'ils savaient si bien tailler.

M. : A partir du milieu du IV° siècle ils se mirent à voûter les églises. La voûte prit appui sur les murs latéraux ; mais ce système connut ses limites quand il fallut agrandir les bâtiments et rehausser les toits. Les voussoirs furent soutenus par des arcs doubleaux qui s'appuyèrent sur des pilastres. Ceux-ci furent soit engagés, c'est-à-dire encastrés ; soit à demi-engagés, c'est-à-dire accolés aux murs,

et cherchant, parfois, à s'en éloigner. Ces basiliques n'avaient pas encore de transept, elles n'étaient donc pas cruciformes. Les murs latéraux s'arrondissaient à l'est en demi-cercle pour former une abside en plein cintre. Celle-ci était surajoutée ou débordait en saillie.
Plutôt que de les abattre on transforma certains temples païens en églises.
Quand il arrivait que les sanctuaires païens étaient détruits, on conservait, la plupart du temps, leurs impressionnantes fondations et leurs soubassements.
Les architectes de l'antiquité avaient su, déjà, adapter leurs constructions aux tremblements de terre. Beaucoup de leurs prouesses techniques furent reprises et améliorées par les maîtres d'œuvre chrétiens.

A. : Il est vrai que ces églises ont résisté aux séismes qui ravagèrent l'Arménie de tout temps. Celles qui furent endommagées ou détruites le furent par défaut d'entretien dans un pays en butte aux attaques incessantes. Les édifices les moins bien conservés se situent dans les provinces arméniennes envahies par les Turcs ou conquises par les Iraniens. On peut citer le Chirac (*capitale Ani*), le Vanand (*capitale Kars, ville principale Ardahan*), le Vaspouragan (*capitale Van, ville principale Magou*), la Sophène (*capitale Kharpert*), le Daron, la région d'Erez (*capitale Erzindjan*), celle de Garin (*aujourd'hui, Erzeroum*) la Mésopotamie arménienne (*capitale Nisibin*), la Cilicie (*capitale Sis, villes principales Adana, Mamistra, Tarse...*), et bien d'autres lieux encore.
La présence arménienne, maintenue entre deux massacres, permettait la réfection et l'entretien de ces merveilleuses églises jusqu'aux génocides de 1894 et 1915 qui vidèrent l'Arménie historique de ses habitants qui l'avaient occupée depuis la nuit des temps.
Dès la reconnaissance du christianisme comme religion d'Etat, l'architecture arménienne prend ses distances avec les modèles assyrien, grec antique et syriaque ; les conditions géographiques, sismiques et géologiques du pays favorisant cette différenciation.
Se servant de matériaux, parfois ordinaires, se surpassant dans les conceptions hardies, y ajoutant une touche artistique, et souvent du génie, les maîtres d'œuvre arméniens vont se singulariser en matière architecturale.

M. : A cause des difficultés, ou grâce à elles, naîtra, sur cette terre tourmentée et déchirée, un art ; sublimé par la foi, il allait se répandre sur tout son territoire et faire des émules jusqu'à Saint-Jacques de Compostelle. Ses productions marquantes commencèrent à apparaître vers la fin du IV° siècle. Pour cette période, nous nous contenterons d'analyser sommairement la basilique d'Erekouk, dont on trouve les ruines dans la région d'Ani, capitale de l'Arménie des Bagratides. On peut aussi citer la basilique à une seule nef de Karnout ou celle de Tanaat avec une galerie au sud. Les recherches archéologiques ont prouvé qu'à Erekouk s'élevait, aux I°-II° siècle, un temple païen ; le style de la construction et les assises cyclopéennes en attestent. Au IV° siècle on modifia l'édifice pour en faire une basilique. Tout a été repris et modifié par les chrétiens. On estime que c'est l'une des plus anciennes églises du monde. Aucun spécialiste n'y accorda de l'intérêt jusqu'au XIX° siècle ; les Européens n'ayant pas encore éprouvé le besoin de retrouver les véritables origines de l'architecture religieuse en Occident.
La toiture disparut en premier ; ce qui favorisa les dégradations dues aux intempéries, qui agrandissent les brèches, aux tremblements de terre, qui font tomber les pierres branlantes. Ajoutons à cela l'action des ignares qui ne peuvent comprendre la beauté dans son absolu. Malgré tout, les murs, jusqu'à la corniche, tiennent encore debout, - ils sont faits du tuf d'Ani -, prolongeant les nefs latérales jusqu'aux deux chapelles de l'ouest.

A. : Pour avoir une vue d'ensemble, plaçons-nous au sud ; nous sommes frappés par la recherche et la maîtrise quasi-parfaite des détails architecturaux. Avançons-nous par l'entrée ouest et admirons la finition magistrale des baies et des portes. A partir de la spacieuse nef centrale nos yeux rencontrent l'abside à l'est où se dressait le maître-autel ; elle est flanquée de part et d'autre de chambres rectangulaires qui devaient renfermer, si l'on s'en réfère à la tradition arménienne, l'une les fonts baptismaux, l'autre la sacristie.
La basilique est à trois nefs, délimitées par deux rangées de trois colonnes ; en face de chacune d'elles on remarque des pilastres engagés dans les murs.
Se pose la question de la couverture. Etait-ce une charpente de bois à deux versants de type syrien ? Alors pourquoi une nef centrale surélevée par rapport aux travées latérales ? Alors pourquoi des

colonnes et des pilastres ? Quand on sait que lesdits pilastres étaient destinés à supporter les arcs doubleaux, on peut supposer que l'église d'Erekouk se différenciait déjà des édifices de type syriaque, qu'elle était probablement voûtée et dépourvue de charpente en bois.

M. : L'atmosphère de ce lieu consacré, désormais à ciel ouvert, est sans aucun doute propice au recueillement. On imagine les cérémonies, les messes ; on entend les prières des fidèles s'élevant vers le ciel, enveloppées des vapeurs de l'encens. Cette évocation faite, le visiteur se dirige vers la sortie ; non sans se retourner pour regarder une dernière fois la basilique qui dresse ses murs décoiffés et ses colonnes étêtées comme autant de bras tendus vers le Seigneur. Une impression de solidité, de force, de puissance se dégage des ruines d'Erekouk, témoignant que cette terre, baptisée dans l'eau, le feu et le sang, est chrétienne jusqu'au tréfonds de ses entrailles. Voûtée ou non, Erekouk est le premier jalon de la progression vers le style arménien propre. Son influence s'est fait ressentir jusqu'au VII° siècle.

A. : Du IV° au XV° siècle, les architectes arméniens conçurent plus d'une dizaine de types architectoniques. Avec ces quelques principes de base, ils se distinguèrent par les trouvailles et l'imagination ; évoluant dans ce cadre restreint imposé, ils le transformèrent en style en créant des symphonies de pierre, comme les musiciens qui composent des œuvres sans cesse renouvelées avec sept notes.
A partir du XV° siècle les constructeurs se contentèrent d'imiter les maîtres sans apporter, à quelques exceptions près, d'innovations originales.
Après le génocide de 1915, les diverses communautés, dispersées sur les cinq continents, ont érigé des églises et des chapelles tentant de reproduire les plus beaux édifices originels. Il faut admettre que les architectes, qui s'inspirèrent du travail de leurs prédécesseurs, n'ont pas réussi à rendre le sublime des églises d'Arménie.

M. : Les constructeurs d'églises et d'abbayes romanes en Europe, s'ils ont appris en étudiant et assimilant l'enseignement des maîtres arméniens, ont su transformer leurs productions en fonction de leur environnement propre.
A partir du V° siècle, les techniques de construction en Arménie sont tellement en avance sur leur temps, qu'il nous est impossible,

dans le cadre restreint d'une émission de radio, de les étudier en détail. Et encore certains secrets dans leur élaboration ne seront jamais découverts, certaines énigmes resteront irrésolues.

A. : Soulevé par une foi sans pareille, le peuple arménien a extrait de ses montagnes, durant des siècles, des millions de tonnes de rocs afin de glorifier Dieu dans des maisons de prières dignes de Lui. Les Arméniens ont, sans doute, manipulé à eux seuls plus de pierres que n'importe quel peuple de l'antiquité, qu'il soit égyptien, grec ou romain. La seule Ani comptait, au X° siècle, mille et une églises. Les fondations des sanctuaires s'enfonçaient de plusieurs mètres dans le sol, supportant d'énormes masses de tuf, de basalte, de marbre, de granit. On les surmontait d'assises de pierres taillées si parfaitement qu'elles s'adaptaient à joints vifs, en boutisses et panneresses ; c'est-à-dire que certaines pierres étaient placées en longueur dans le sens de la profondeur du mur, et d'autres disposées en parement. Les rangées superposées étaient de hauteurs différentes pour absorber les ondes sismiques à partir des profondes fondations. Par-dessus on élevait une paroi externe et une paroi interne, et on comblait l'intervalle avec des couches successives de cailloux, de tombées de roches taillées, de pierres brutes, l'ensemble formant un solide conglomérat ; seules les pierres d'angle, soutenant le monument, étaient monolithiques. Ce système, allégeant le poids de l'édifice, permit des audaces architecturales nouvelles.

M. : On retrouvera ce même exemple d'activité lapidaire chez les bâtisseurs européens de cathédrales. D'ailleurs la technique du coffrage de pierres bourré de béton concrété, que les Arméniens utilisèrent dès la fin du IV° siècle, fut reprise des centaines d'années plus tard pour ériger les cathédrales d'Occident, notamment gothiques. Ce système-portant avec remplissage leur permit d'élever bien haut leurs formes admirables. Toujours à cause des tremblements de terre, les églises arméniennes, à de rares exceptions près, n'atteignent pas le gigantisme de leurs sœurs d'Occident. La maîtrise des masses et des volumes, l'agencement des pierres, les reliefs externes, les corniches parfaitement adaptées, les emplacements choisis donnent une allure grandiose à l'édifice le plus modeste. Les rectangles de tuf de toutes les couleurs s'harmonisent avec l'environnement tout en égayant la sobre austérité des lignes externes.

Ceux qui édifièrent ces églises surent jouer des contrastes avec le fond du paysage, comme un peintre qui organise et équilibre sa toile. Un exemple, l'église d'Odzoun est de tuf rose afin de se détacher sur un fond de montagne bleue. L'architecte a fait venir des matériaux d'une autre région pour obtenir cette mise en valeur mutuelle entre le monument et les couleurs de la nature ; l'une exalte l'autre au point que l'église finit par devenir partie intégrante d'un paysage qui perdrait un peu de son originalité sans elle.

A. : On citera, pour illustrer le génie des bâtisseurs arméniens, un passage de l'éminent architecte français, Edouard Utudjian :

«*La perfection de la taille de la pierre dans les édifices d'Arménie, les solutions ingénieuses apportées aux pénétrations les plus complexes, le souci du fini, la géométrie rigoureuse et dépouillée des assemblages, n'ont leur équivalent que chez les deux grands de l'architecture, l'Egypte et la Grèce antique. Or ces deux dernières n'ont eu à se préoccuper de la couverture en voûte et des coupoles qu'en des circonstances exceptionnelles alors que leur pratique était courante en Arménie*».

M. : Le tuf tendre des parements a souvent disparu, érodé par les intempéries, alors que le béton intérieur, intact et indestructible, contribue et continue à maintenir l'église debout. Le contraste devait être frappant entre la sobre rigueur géométrique de l'extérieur et la splendeur du décor intérieur. Quelques fresques sur des plaques de plâtre résiduelles, quelques décorations sur un chapiteau brisé, quelques débris de tenture de brocart ou de satin de velours, tissés de fils d'or, quelques vestiges de métal travaillé nous font entrevoir la richesse de ces cathédrales, ces églises, ces chapelles, ces monastères.

Arcs en plein cintre, pilastres, nervures particulières, appelées *nervures arméniennes*, les inventions se suivent, couronnées, vers les IX°-X° siècle, par l'ogive. La voûte arrondie devient ogivale afin d'élever davantage les couvertures.

Auguste Choisy un des spécialistes, au XIX° siècle, de l'architecture ecclésiale arménienne, écrit :

«*Intérieurement toutes ces églises ont leurs nefs à berceaux en ogive avec des arcs doubleaux saillants et fractionnés en autant de membres qu'ils reçoivent de retombées ; toutes présentent avec les monuments de notre architecture romane une ressemblance qu'on ne peut guère expliquer que par une communauté d'origine*».

A. : Quand nous disons que les Arméniens sont les précurseurs de l'art roman, ce n'est pas une opinion personnelle.
D'éminents chercheurs et architectes européens comme Texier, Millet, Baltrusaïtis, Strzygowski, et d'autres, partagent cet avis et vont parfois plus loin encore que Choisy.
Les premières études sérieuses ne débutèrent qu'au XIX° siècle, à la suite des massacres qui attirèrent l'attention de l'Europe sur ce peuple chrétien oublié. C'était l'époque où les Turcs avaient décidé de rayer l'Arménie de la carte et les Arméniens du nombre des vivants. Pourtant depuis la prise de Constantinople, en 1453, les sultans avaient su utiliser l'industrie et l'activité du *peuple fidèle*[3].
A partir de la seconde moitié du XIX° siècle, en éliminant les Arméniens, la Turquie perdit ses architectes ses médecins, ses intellectuels, ses artistes, ses cultivateurs et ses artisans[4]. Sans les Arméniens la Turquie est devenue un pays du tiers monde.

M. : Le premier Arménien à étudier scientifiquement ces édifices fut Thoramanian. Il découvrit des trésors architecturaux recelés par Erekouk, qui faisait la transition entre les églises syriennes et arméniennes. La seconde mutation, celle-ci, vers le sanctuaire à dôme est l'église de Tekor dans le fief des Kamsarakan. Isaac Kamsarakan la fit construire au début du V° siècle. Elle se trouve non loin d'Ani, à la frontière des possessions des Bagratides, délimitée par la rivière Akhourian (*Arpatchaï en turc*).

---

[3] Milleti sadiqa = peuple fidèle, c'est ainsi que les Ottomans désignaient les Arméniens.

[4] Les architectes arméniens construisirent les plus belles et les plus anciennes mosquées en Turquie, en Iraq, en Syrie, etc. Le médecin arménien du sultan Mahmoud II, le docteur Chachian, fonda l'Ecole de Médecine de Constantinople. Les savants arméniens codifièrent et fixèrent la grammaire turque. Les artistes arméniens créèrent le théâtre turc au XIX° siècle et traduisirent les œuvres européennes en turc. Les cultivateurs et artisans arméniens firent vivre la Turquie ; lorsque les cordonniers arméniens furent massacrés, au cours du génocide de 1915, l'armée turque eut les plus grandes difficultés à procurer des chaussures aux soldats turcs engagés dans la Grande Guerre aux côtés de l'Allemagne. Et on pourrait continuer à l'infini la description des richesses engendrées par les Arméniens au profit de l'Empire ottoman.

A. : L'église de Tekor s'élève sur les fondations d'un temple païen, comme le fait présumer l'imposante plate-forme, élevée de neuf marches, qui la supporte. Le type basilical à trois nefs, les arcs en fer à cheval, les détails architectoniques la situent au V° siècle. On sait qu'elle demeura intacte et qu'on y célébra le service divin jusqu'en 1911.
La façade-est comporte un fronton avec corniche. A l'intérieur, les bases, les chapiteaux et les fûts de colonnes sont dirigés nord-sud, donc transversalement. Dans le mur de l'ouest on découvre des pilastres engagés ; le sanctuaire était donc voûté. Vers le milieu on remarque quatre piliers réunis par des arcs ; ils devaient supporter la coupole. On aurait pu penser que le dôme terminait et magnifiait une construction cruciforme. On vient de voir qu'il pouvait aussi coiffer une basilique longitudinale sans transept.
A Tekor la coupole fait sa première apparition dans l'histoire de la construction ecclésiale en Arménie d'abord, dans l'art roman ensuite. Il y aura d'autres exemples de basiliques à dômes, par la suite.

M. : A l'ouest, à la sortie, on s'émerveille devant l'encadrement de pierre richement sculpté de la porte ; on y découvre des ornements en forme d'acanthes et de vignes, ce qui est rare en Arménie et dénote une influence antique. Cet exemple archaïque et curieux, consistant à surmonter une basilique oblongue d'une coupole, est significatif du désir des Arméniens d'embellir la maison du Seigneur. Il reflète aussi l'image d'un peuple civilisé jusqu'au raffinement. Il en fallait de la foi pour exprimer une pensée supérieure et originale au sein de populations barbares et arriérées déferlant sans cesse sur cette vaillante Arménie. Un grandiose effort allait s'engager pour jalonner de joyaux de pierre le sol de ce pays aride et montagneux.

EGLISES A COUPOLES SUR CARRE CRUCIFORMES (*I*)

(*troisième émission*)

Maryse : Nous consacrerons encore cette émission à l'architecture. Il y a tant à dire sur les édifices religieux arméniens. Cela ne signifie pas que l'art sacré arménien n'englobe que des monuments de pierre. Encore que cette matière, résistant à l'érosion, transmette, à travers les siècles, les messages de foi et d'espérance de tout un peuple ; ainsi que son savoir-faire et son raffinement. Des milliers et des milliers de sanctuaires, riches d'une infinité de trouvailles et de prouesses techniques, mériteraient un intérêt sans cesse renouvelé.
Il peut sembler évident qu'un peuple, capable de construire et de ciseler la roche, - citons, entre autres, les *khatchkar*[5] -, a aussi prodigué son savoir et son art dans les richesses qui garnissaient les églises et les monastères. La plus grande partie des croix, ciboires, reliquaires, enluminures, miniatures, vêtements liturgiques, tentures, pièces d'orfèvrerie, etc., a disparu dans les pillages et les déprédations, qui accompagnèrent les invasions déferlant sur l'Arménie en flux quasi-continu.

Albert : L'objet du présent ouvrage n'est pas de dresser une liste exhaustive de toutes les merveilles qui subsistent, ni de les analyser dans le détail. Nous espérons simplement, - et c'est une gageure à travers quelques rapides émissions radiophoniques -, pouvoir décrire, le plus précisément possible, un petit nombre d'œuvres artistiques de l'Arménie. Nous les avons choisies en raison de ce que nous croyons être leur particularité, pour ne pas dire leur personnalité. Elles devraient conduire nos auditeurs à la découverte de certaines créations majeures, sans lesquelles l'art religieux européen, tel que nous le connaissons, n'existerait pas. Sans ce dernier aspect, ces émissions perdraient de leur intérêt. De cet apparent pêle-mêle devra jaillir le merveilleux des productions artistiques sacrées, qui ont fait de cette terre déchirée d'Arménie une symphonie à la gloire du Seigneur.

---

[5] Le khatchkar est une stèle gravée d'une croix environnée d'une dentelle ciselée dans la pierre. La plupart du temps ces croix surmontent un cercle finement creusé, image de l'infini puisque le cercle n'a ni commencement ni fin. Rappelons que *kar* (*ou gar*), signifie *pierre* en arménien, en ligure et en basque.

En évitant de nous perdre dans les détails, nous rappellerons le type de ces édifices au fur et à mesure des descriptions. Parmi une apparente diversité, un dénominateur commun leur donne un air de famille. Quand on les rencontre hors de l'Arménie, réduite à la république d'aujourd'hui, en Géorgie, en Iran, en Azerbaïdjan, en Turquie ou ailleurs, on les reconnaît pour arméniens.

M. : Ce dénominateur commun est un parti-pris délibéré de structure centrée en étoile ou en rayon. On retrouve cette orientation centrifuge jusque dans les édifices de plan basilical, qu'on a élargis harmonieusement grâce à un transept équilibrant la nef.
Prenons les antiques temples païens, qu'on a transformés en églises aux IV° et V° siècles ; ils sont, pour la plupart, barlongs, et, bien évidemment, dénués de transept. L'architecte qui les a repris et modifiés a, cependant, réussi à les organiser selon un plan centré. N'est-ce pas la marque du sens des proportions et de la mesure du constructeur ? Discret jusqu'à l'effacement, il a compris la vanité de ce monde. Il ne cherche pas à briller aux yeux de ses semblables ni à les dominer. Il a pour soucis le goût du travail bien fait, et, surtout, l'amour et la glorification du Seigneur.
La conversion de l'empereur Constantin allait permettre l'éclosion d'un art sacré chrétien de Byzance à Rome. Mais le roi Tiridate III ne l'avait pas attendu ; faisant du christianisme la religion de l'Etat arménien dès 301, avec des années d'avance sur Constantin[6], il avait permis l'éclosion de l'art sacré dans son royaume.
Dès 303, de la Sophène à la Caspienne et du Djavakh à Nisibe, les églises se mirent à pousser sur un immense territoire englobant l'Arménie[7], l'Albanie Caspienne, l'Atropatène, la Géorgie et le sud de l'Ukraine.
Partout se dressaient des monuments païens ; ils apparurent soudain bien inutiles, comme vidés de leur substance. Il fallait de toute urgence un acte de foi. On créa des maisons de prière à la dévotion du Sauveur, de la Sainte-Croix, de la Sainte-Mère de Dieu, de Saint-Jean-Baptiste-le-Précurseur, des apôtres, des saints et des martyrs.

---

[6] Constantin avait donné la liberté de culte aux chrétiens de l'Empire romain en 313, par l'édit de Milan. Il s'était converti lui-même vers 323 et n'avait été baptisé qu'à sa mort, en 337.

[7] L'Arménie recouvrait alors un grand tiers de la Turquie actuelle, à l'est, et le nord-ouest de l'Iran.

Il fallait que la sublime sobriété et la naturelle beauté des églises soient des hymnes de louanges destinées à émouvoir le cœur et à élever l'esprit du fidèle. Il fallait se faire pardonner d'avoir servi des idoles sans substrat, sans vie et d'avoir perdu tout ce temps dans l'ignorance de Dieu.

Dans son *Histoire du district de Daron*, Zenob de Glak exprime cette frénésie dans l'édification de sanctuaires :

«*Lorsque les soldats eurent détruit l'idole* (du temple de Démétri), *saint Grégoire jeta les fondements d'une église. Comme il n'existait pas de matériaux disponibles dans la localité, il prit des pierres brutes ; puis, ayant trouvé de la chaux dans les temples des idoles, il commença la construction d'une église sur l'emplacement de celui de Démétri et dans les mêmes proportions*».

A. : A étudier certains anciens textes on est saisi d'un doute. L'opinion communément admise veut que saint Grégoire l'Illuminateur et le roi Tiridate aient systématiquement fait disparaître toutes les productions du paganisme à travers le pays. S'il est vrai que les statues, écrits, œuvres d'art, etc. de l'époque païenne furent détruits dans l'indifférence de la majorité d'un peuple qui se donnait définitivement au Christ, il faut nuancer ces propos quant aux édifices.

Reconnaissons que la plupart des historiens ont tendance à généraliser les faits et à reprendre ce que d'autres, revêtus de notoriété, ont écrit avant eux. Cela peut les conduire à rapporter des actions acceptées comme avérées, sous le poids des compilations et des répétitions. Disons, à leur décharge, que la recherche de la vérité est parfois difficile, sinon impossible.

C'est ainsi qu'on a pris l'habitude, depuis Agathange et Moïse de Khorène, d'affirmer que le patriarche et le monarque se seraient évertués à effacer toute trace de paganisme sur le sol arménien. La rareté des découvertes archéologiques datant de l'époque pré-chrétienne semble plaider en faveur de cette théorie. Si saint Grégoire, empli d'une foi ardente, désira faire des exemples, il faut admettre qu'il ne poussa pas le zèle jusqu'à la destruction systématique ; d'autant que certains satrapes, dans leurs fiefs, pour complaire au pouvoir, avaient été jusqu'à faire couler le sang païen mais arménien, ce qui étreignait de compassion le cœur de l'Illuminateur. Certains édifices, voués aux faux-dieux, furent transformés et remaniés pour servir d'églises au point que les concepts architectoniques antiques sont devenus invisibles aux yeux du profane. Quant à ceux qui furent mis à bas, on conserva leurs fondations, comme le rappelle Zenob de Glak, pour y élever des sanctuaires chrétiens.

M. : Utilisant leur savoir, les architectes, promoteurs des temples du passé, transformèrent leur art au bénéfice de leur nouvelle foi, pour produire des chefs d'œuvre. A leur école, les jeunes artistes, assimilant les techniques ancestrales, firent naître un style original, dès la fin du IV° et le début du V° siècle. Un style qui allait se répandre vers le nord et l'ouest de l'Europe pour inspirer l'art byzantin et l'art roman.
Nous avons parlé des premières églises de type syrien, puis de l'apparition de la voûte au IV° siècle, du dôme tout au début du V° siècle, des types barlongs, basilicaux.
Nous allons commencer aujourd'hui la description d'églises à coupoles sur carré. Il en existe des dizaines d'exemples. Nous nous contenterons de trois basiliques, parmi les plus célèbres, parce qu'elles sont significatives en tant que modèles universels en raison de leurs places au sein d'événements historiques marquants ou de leurs valeurs symboliques. Il s'agit d'Edchmiadzin, Avan et Sainte-Gayaneh.
Passant outre à la chronologie nous débuterons par la cathédrale d'Avan car elle va servir de modèle au joyau de l'architecture ecclésiale arménienne, l'église Sainte-Hripssimeh, dont nous aurons l'occasion de parler.

A. : Un bref rappel historique va nous situer l'édification de cette église, érigée dans les faubourgs d'Erévan[8].
Après la malencontreuse politique de Justinien, qui avait voulu par la force s'assujettir Rome, Edchmiadzin, Antioche et Alexandrie, ses successeurs s'embourbèrent dans les mêmes erreurs. Justin II (*565-578*) perdit une grande partie de l'Empire byzantin au profit de la Perse. A Tibère (*578-582*) succéda Maurice (*582-602*), né en Cappadoce d'une riche et aristocratique famille arménienne. Ayant réussi à refouler quelque peu les Perses, il tenta d'imposer au

[8] Pour davantage d'explications cf «*L'Eglise arménienne dans l'œcuménisme*» d'A. Khazinedjian, chez l'Harmattan.

catholicos arménien Moïse II les décrets de Chalcédoine. Devant le refus du chef de l'Eglise arménienne, l'empereur de Constantinople décréta que l'évêque arménien de Bagaran, Ohannès (*Jean*), serait *le* catholicos. Aux yeux des Arméniens celui-ci devenait *anticatholicos* puisqu'il n'avait pas été élu par le peuple et les évêques ; et non consacré par trois évêques au moins, comme c'est la tradition de l'Eglise arménienne.
Jean installa son Siège à Avan et décida, en 590, de faire construire, par un architecte arménien, une basilique, afin d'en faire le pendant d'Edchmiadzin. Ohannès de Bagaran mourut sans successeur en 609 ; son Siège illégitime et éphémère disparut avec lui. Même les prélats arméniens, se trouvant dans l'Empire byzantin et sous la férule de Constantinople, avaient refusé de lui obéir.

M. : L'histoire a tout de même retenu son nom grâce à cette magnifique cathédrale d'Avan.
C'est une église carrée, inscrite dans un plan rectangulaire. La forme en croix est obtenue par la présence de quatre absides semi-circulaires, qu'on appelle aussi des conques. Chacune d'elle est placée à chaque point cardinal ; formant quatre chapelles donnant sur la partie centrale. On pénètre dans ces conques à travers des niches disposées en diagonale et fort peu encastrées dans les murs ; elles sont à peine engagées. Le carré cruciforme de la cathédrale est spécifique de la fameuse structure centrée. Des absidioles ornent les angles du carré. L'ensemble forme un espace intérieur fermé, embelli de niches. Un dôme surmonte cette figure géométrique parfaite. Nous retrouvons à Avan la même prouesse technique résolue à Edchmiadzin un siècle plus tôt, le passage de la forme carrée à une coupole à base circulaire. Cette difficulté est résolue par le moyen des trompes.
Tous nos auditeurs n'étant pas forcément familiarisés avec les terminologies architectoniques, disons ce qu'est une trompe. C'est une portion de voûte tronquée, c'est-à-dire réduite, placée à chaque angle du bâtiment ; elle est en encorbellement ou en porte-à-faux ; elle aide à soutenir, en dehors de l'aplomb des murs, tout ou partie de l'édifice.
A Avan cet artifice devient une œuvre d'art ; les trompes sont de dimensions réduites et disposées artistiquement en gradins. Cela permet à un tambour à base circulaire ou polygonale, surmonté d'une coupole, de reposer sur un plan carré.

Thoramanian, le meilleur spécialiste des églises arméniennes, en a dressé les plans détaillés. D'après ses relevés de la structure de la basilique, il a estimé qu'elle était coiffée de cinq dômes ; le principal au centre et les quatre autres sur chacune des absides.
Les murs externes de la cathédrale sont d'une grandiose sobriété dans leur simplicité rectiligne. Les fouilles archéologiques ont mis au jour des bases et des chapiteaux de colonnes de style antique ; ce qui fait présumer de la présence d'un temple païen dans le passé. L'architecte, qui reprenait le plan à coupole sur carré d'Edchmiadzin ne dédaigna pas les colonnes antiques, et s'en servit pour soutenir la voûte.
Thoramanian et les chercheurs qui lui succédèrent purent reconstituer le plan exact d'Avan en se référant à celui de Sainte-Hripssimeh, rebâtie un siècle plus tard et bien conservée.
Rappelons tout de même que la première des constructions à dôme central de toute la chrétienté est la basilique d'Edchmiadzin.
Elle est actuellement le Siège du patriarche suprême et catholicos de tous les Arméniens.

EGLISES A COUPOLES SUR CARRE CRUCIFORME (*II*)

(*quatrième émission*)

Maryse : La dernière fois nous avons relaté les conditions dans lesquelles l'éphémère anticatholicos, Jean de Bagaran, avait ordonné, en 590, la construction de la cathédrale d'Avan. Aujourd'hui nous allons consacrer l'émission à deux autres sanctuaires, Sainte-Gayaneh et Edchmiadzin.
Commençons par Sainte-Gayaneh ; bien que plus récente elle nous intéresse en raison du rôle indirect joué par sainte Gayaneh dans la conversion du roi Tiridate. Selon la tradition, Gayaneh était l'abbesse du monastère Saint-Paul à Rome, au III° siècle. Parmi les moniales se trouvait Hripssimeh, noble vierge à l'éclatante beauté ; l'empereur Dioclétien se serait épris d'elle et l'aurait demandée en mariage, ce qu'elle aurait refusé. La religieuse et sa communauté allaient subir la colère du successeur des Césars. Gayaneh dut rassembler ses trente-six brebis pour s'enfuir le plus loin possible. A travers la Palestine et la Mésopotamie, elles vinrent établir leur couvent près de la capitale de l'Arménie, Vagharchapat. Une autre version fait partir les vierges de Cappadoce où, cette fois, ce serait le préfet de la province qui aurait poursuivi Hripssimeh de ses assiduités. On estime qu'elles venaient plutôt de Nisibe (*Mésopotamie du nord, aujourd'hui Nisibin*), ville la plus méridionale du royaume arménien. Une chose est sûre, c'est qu'elles ont réellement existé.
Dans les années 1960-1970 des fouilles menées, sur ordre de S.S. Vazken 1° (*1955-1994*), notamment sous l'église Sainte-Hripssimeh, ont mis au jour des ossements de jeunes filles remontant aux III°-IV° siècle, selon les méthodes de datation modernes.
Le charme surnaturel de sainte Hripssimeh opéra sur le roi d'Arménie, Tiridate III, encore païen, le même attrait que sur les dignitaires romains. Elle repoussa ses offres ; Tiridate fit mettre à mort Gayaneh et les trente-six religieuses, réservant à Hripssimeh d'horribles supplices. Ce crime le rendit dément ; se prenant pour un loup-garou[9], il errait en hurlant dans les forêts entourant sa capitale jusqu'à la libération de saint Grégoire. Les prières de celui-ci

[9] En psychiatrie, cette affection s'appelle la lycanthropie.

guérirent le roi, qui se convertit et décréta le christianisme religion d'Etat en Arménie ; faisant de ce pays le premier royaume chrétien du monde.
Repentant, Tiridate III fit édifier des églises à la mémoire des saintes[10]. L'une d'elles est Sainte-Gayaneh, dont nous allons vous entretenir aujourd'hui.

Albert : Le style de cette église n'est pas particulièrement remarquable. Si nous l'évoquons c'est en raison de la place symbolique qu'elle occupe, étant consacrée à l'abbesse qui conduisit ses religieuses en Arménie. Nul, parmi les Arméniens, n'ignore sainte Gayaneh, sainte Hripssimeh et leurs compagnes, saintes privilégiées de leur Eglise.
Le sanctuaire, édifié par les soins de Tiridate III, au début du IV° siècle, étant bien dégradé, il fut reconstruit par le catholicos Ezr 1° (*Esdras*) de Parajnakert (*630-641*). Il fait partie des constructions du V° au VII° siècle, dites en forme de *croix grecque*.
On retrouve une église carrée avec quatre piliers centraux soutenant une coupole à base circulaire sur pendentifs. Grâce à cet artifice l'architecte a réussi à inclure des espaces élargis sans déborder les plans originaux.
Les intempéries, les tremblements de terre, les nombreuses invasions finirent par dégrader les bâtiments.
En 1652, dix siècles après sa reconstruction par Ezr 1°, l'église Sainte-Gayaneh fut à nouveau restaurée. La soldatesque perse campait dans les sanctuaires. On se demande par quel prodige le catholicos Pilippos1° (*Philippe*) d'Albac (*1633-1655*)[11] réussit à convaincre l'occupant iranien de la nécessité de restaurer Sainte-Gayaneh.

M. : A cette époque, le catholicossat est réduit au rang de casernement, les troupes perses stockent le foin de leurs chevaux dans la basilique d'Edchmiadzin ; malgré cela Pilippos 1° parvient à envoyer l'archevêque Voskan d'Erévan à Rome afin d'y imprimer la Bible en arménien. De là, devant l'hostilité de la Curie romaine, le

---

[10] Voir «*L'Eglise arménienne dans l'Eglise universelle*», d'A. Khazinedjian, chez l'Harmattan, Paris.

[11] Albac ou Albacus ou Albanus est devenue Bachkalé, dans le sud-est de l'Arménie turque ; là se trouve le mausolée de saint Barthélémy, l'un des apôtres de l'Arménie.

prélat passera à Livourne, Amsterdam puis viendra s'installer à Marseille, avec l'autorisation de Louis XIV.
Au risque de déclencher les persécutions, le catholicos répandit les moines à travers tout le pays afin d'y maintenir la langue arménienne, gage de fidélité au christianisme. Grâce à son opiniâtreté, Sainte-Gayaneh fut restaurée en respectant le plan initial du VII° siècle. Hagop IV (*Jacques*) de Djoulfa (*1655-1680*) poursuivit l'œuvre de son prédécesseur dans des conditions toujours aussi difficiles. Eghiazar 1° (*Eléazar*) d'Aïntab (*1682-1691*) parvint à faire rajouter, en 1683, une galerie cintrée sur le côté ouest de Sainte-Gayaneh, pour y ensevelir les moines. Un monastère existait autour de l'église ; il a, aujourd'hui, disparu.
Le catholicos Vazken 1°, dans la droite ligne de ses courageux prédécesseurs, put maintenir et entretenir les églises en plein régime soviétique.
Il est temps, maintenant, d'en venir à Edchmiadzin. C'est l'exemple le plus typique, et le plus ancien dans la chrétienté, d'église à coupole sur carré cruciforme. Saint Grégoire avait eu une vision lui montrant le Christ dessinant à l'aide d'un marteau d'or le plan d'une basilique près de Vagharchapat. Au matin, accompagné de son cousin, le roi Tiridate III, il retrouva, à l'emplacement indiqué, les contours de l'église sur le sol. Là fut édifiée la première basilique de la chrétienté. Edchmiadzin nous intéresse pour plusieurs raisons. Edchmiadzin signifie : le Fils Unique est descendu. Elle occupe une place particulière dans l'éclosion de l'architecture religieuse. Elle est le Siège du patriarche suprême et catholicos de tous les Arméniens. Malgré les vicissitudes historiques, on brûle devant l'autel la flamme apportée en Arménie par les apôtres Thaddée et Barthélémy et maintenue par saint Grégoire l'Illuminateur. Cette lumière vacillante, dont la fragilité apparente cache la force sans égale de Notre-Seigneur Jésus-Christ, trempe et entretient la foi de chaque Arménien.

A. : Comme le rapporte Agathange, Edchmiadzin a été édifiée en 303. C'était une basilique carrée à trois nefs. En 480, le prince Vahan Mamikonian la fit transformer en tétraconque. Chacune des quatre absides, jaillies des murs, est placée aux extrémités des axes de symétrie. Le plan intérieur est cruciforme, inscrit dans un rectangle. On sait qu'il fut imité à Avan, en 590. On retrouve les quatre piliers, au centre, supportant la coupole sur pendentifs.

La cathédrale d'Edchmiadzin est le prototype des plans d'église dits en forme de croix grecque. Remarquons, au passage, que les églises grecques n'avaient pas adopté encore la forme qu'on leur attribue si généreusement ; la forme en croix grecque ayant été inventée par les Arméniens. Quand, au V° siècle, Edchmiadzin fut remaniée, il n'existait aucune église byzantine, a fortiori grecque ou romaine, qui présentât cette particularité architectonique. L'honnêteté intellectuelle devrait substituer à l'appellation : en forme de croix grecque, celle en forme de croix arménienne.

Qui, en dehors des chercheurs scrupuleux, pourrait imaginer que ces Arméniens, perdus dans leurs montagnes du Caucase, contraints à défendre les arpents de pierres que Dieu leur a légués, arrêtant, dans l'ignorance et l'indifférence de tous, les invasions en direction de l'Occident, aient pu, de surcroît, inventer l'architecture chrétienne ? Pourquoi déranger les idées reçues et les inamovibles certitudes de ceux qui rédigent de magnifiques livres d'art vantant les beautés de l'art byzantin, de l'art roman, de l'art gothique sans se soucier de rechercher les racines de ces merveilles ?

Nous aimerions qu'Edchmiadzin, Erekouk, Tekor, Avan, Aghtamar, les prodigieuses ruines d'Ani, Sainte-Hripssimeh et des milliers d'autres, disséminées en Arménie, Géorgie, Turquie, Iran, Crimée, Ukraine,... fussent classées, comme elles le méritent, *patrimoine de l'humanité*, afin de rétablir justice et vérité.

Cette invention arménienne en forme de croix inspira Sainte-Sophie, toutes les églises et cathédrales grecques et slaves, ainsi que les églises scandinaves.

Germigny-des-Prés, à proximité d'Orléans, bâtie en 806 par l'architecte arménien de Charlemagne, San-Miguel de Lino, en Espagne, édifiée au IX° siècle, sont des copies d'Edchmiadzin.

A Saint-Marc de Venise, on retrouve le plan cruciforme arménien, les accès latéraux et les ouvertures sous porches, comme dans les églises arméniennes, l'adjonction d'absidioles extérieures, comme à Edchmiadzin et Avan, les cinq coupoles, comme à Avan. La seule différence réside dans le luxe et la grandiloquence de Saint-Marc, contrastant avec le charme discret et les ingéniosités architecturales secrètes de ses modèles arméniens.

La cathédrale d'Edchmiadzin apparaît imposante de l'extérieur et grandiose de l'intérieur. Ses dimensions sont cependant modestes : 52 m. de long, 48 m. de large, 35 m. de haut. Elle a été modifiée et restaurée à diverses reprises aux V°, VII°, XIV° et XVII° siècles.

Au XVII° siècle on érigea le clocher ouest, après que la pression iranienne se fut quelque peu relâchée. Les peintures murales de la coupole et de la voûte ont été effectuées au XVIII° siècle par Naccachian et Hovnathanian. Mais le plan est demeuré identique à celui des fondations originelles, de même que la structure qui n'a pas changé depuis le V° siècle.

M. :Les auditeurs qui nous entendent parler de l'influence de l'art ecclésial arménien et ses répercussions sur les constructions byzantines, romanes, gothiques peuvent se demander comment cela a pu se produire.
Le premier point, irrécusable, est l'antériorité qui parle d'elle-même. Ajoutons, ensuite, que le savoir circulait assez bien de pays à pays. Prenant leur bâton et leur sac, le moine et le pèlerin cheminaient le long des routes pour transmettre leurs secrets au fur et à mesure de leur progression ; un peu à l'image des apôtres.
Les Pères de l'Eglise étaient surtout Egyptiens, Syriens, Grecs et Arméniens. On venait de loin pour se mettre à leur école. L'architecture s'apprenait de même ; puis les élèves rayonnaient à travers le monde connu pour dispenser, à leur tour, cet enseignement. Les étapes sur les voies de pèlerinages, monastères ou ermitages, devenaient les classes destinées à propager la culture. Des Arméniens vinrent fonder des congrégations religieuses ou occuper des sièges épiscopaux en Europe. On y confondait, d'ailleurs, Arméniens et Syriens sous l'appellation de Syri ou d'Orientaux.
D'Arménie à Saint-Jacques de Compostelle se transmirent connaissances liturgiques, théologiques, christologiques, musicales, architectoniques, etc. Chaque contrée, chaque communauté monacale, absorbèrent puis transformèrent, selon leur génie propre, tout cet apprentissage.

A. : Aux X°-XI° siècle, les monastères européens accueillirent des moines arméniens fuyant l'invasion turque seldjoukide. C'est alors que les Arméniens enseignèrent à l'Occident l'art de la miniature et de l'enluminure. A l'époque des Croisades les échanges furent encore plus féconds.
Jean Gimpel dans «*Les bâtisseurs de cathédrales*», rapporte (*p. 46*) une liste de dépenses pour la deuxième semaine d'Août 1299, concernant l'édification du couvent des Augustins à Paris. Parmi les

noms des constructeurs on remarque un certain Girart de Van. Chacun sait que Van était la capitale du royaume des Ardzrouni du Vaspouragan ; quant à Girart, c'est, sans doute, la déformation de Giraïr, prénom très répandu chez les Arméniens encore de nos jours. Louis Charpentier prouve clairement que les Arméniens enseignèrent l'architecture aux Arabes en construisant les plus belles et les plus antiques mosquées de l'Islam. Elles sont toutes sur plan carré avec les quatre piliers centraux soutenant le tambour, devenu minaret en s'élançant davantage, recouvert d'un dôme.

M. : Le sculpteur Emile Bourdelle résume avec une chaleur poétique et musicale tout ce que nous venons d'exprimer : «*L'Arménie architecturale... se classe, en ma pensée, avec les œuvres que j'aime le plus dans le monde.*
Cette architecture est logique, toutes les fleurs de la sagesse s'inscrivent en elle ; elles ne sortent pas, elles ne tombent pas de leur arbre de pierre, elles lui fleurissent le cœur.
Voilà le plus grand art : fleurir sans dire, donner sans le crier, fleurir pour parfumer la sève, voilà les lois de tout votre art.
Il nous donne une Arménie sobre, une Arménie toute de contention, de retenue savante, de sagesse magnificente.
Voilà vos racines. Les maîtres constructeurs anciens de vos arcades, de vos tours, de vos murs, de vos basiliques sacrées sont les calculateurs suprêmes qui rendaient la grâce divine, en la revêtant de mesure».
Et plus loin, pour conclure cette émission :
«*En terre d'Arménie je vois des fleurs et un parfum durable ; les fleurs sont architecturées. Elles ont résisté à tout, car malgré l'ouragan qui peut brûler la lettre, l'esprit rayonne doucement*».

COMMEMORATION DE LA NAISSANCE DE GOMIDAS

(*cinquième émission*)

Maryse : Aujourd'hui ce n'est pas de l'art sacré proprement dit dont nous allons vous entretenir mais d'un de ses auteurs ; il a découvert les origines de la musique arménienne sacrée et profane. Nous laisserons volontiers les études techniques aux spécialistes ; notre démarche sera plutôt sentimentale et basée sur l'émotion subjective.

La musique, l'un des meilleurs moyens de communication entre les peuples, est le langage international qui peut faire vibrer les cœurs. Comment décrire le travail surhumain de ce moine qui, seul et sans aide, a réussi à reconstituer, bribe par bribe, un trésor national et à le faire entendre au monde ébloui.

Gomidas naquit en 1869 à Kutahia, en Anatolie, l'année de la mort d'Hector Berlioz. Kutahia est à l'un des angles d'un triangle avec Sivri-Hissar à l'est et Eski-Chehir au nord. Tout près de cette dernière se trouvent les ruines de Dorylée où Godefroy de Bouillon vainquit les Turcs, en 1097, grâce à l'aide que lui fournit Constantin, le prince d'Arméno-Cilicie. Cette région est au centre de la Phrygie[12].

La Phrygie faisait naturellement partie de l'Empire byzantin ; les empereurs de Constantinople y avaient implanté une forte colonie arménienne pour mettre les terres en valeurs et les défendre contre les ennemis de l'Empire.

Albert : Le nom de baptême de Gomidas était Soghomon (*Salomon*), son nom de famille, Soghomonian. Il vit le jour dans une famille aimante tout entière imprégnée de musique. On était chanteur et compositeur de génération en génération dans la famille Soghomonian.

A l'âge d'un an, il perd sa mère. A douze ans, en 1881, c'est le tour de son père. Finie la paix familiale, le cocon a éclaté ; l'enfant se trouve à la rue.

Recueilli par les prêtres, l'orphelin est envoyé à Edchmiadzin. Il ne sait pas un mot d'arménien. Les Ottomans menaçaient de couper le nez et les oreilles des enfants arméniens s'ils parlaient un autre

[12] Les Phrygiens comptent parmi les ancêtres des Arméniens.

idiome que le turc. Soghomon est pris en charge par le *Kevorkian Djemaran*, le séminaire d'Edchmiadzin ; c'est là qu'il apprendra la langue de ses aïeux.
Doué d'une voix d'or et d'un talent de jeune prodige il possède déjà des connaissances musicales bien avancées.
Sa préoccupation principale est la musique, tout est prétexte à l'envolée musicale. A travers l'interprétation des magnifiques chants sacrés arméniens, il réussit à sublimer la prière, comme l'illustre l'anecdote que Maryse va nous conter.

M. : Pendant l'office du samedi-soir, on célèbre la liturgie du *Louysse Zwart*, ce qui peut se traduire par *lumière d'allégresse* et/ou *lumière sereine*.
Un samedi, dans la basilique d'Edchmiadzin, au crépuscule, les évêques, les prêtres, les moines, les diacres, les séminaristes, les fidèles se pressent en attendant les vêpres, préludant à l'entrée dans le dimanche.
Dans le parfum d'encens, enveloppant la nef et le chœur, le catholicos Kévork IV (*Georges*) Kérestédjian (*1866-1882*) s'avance vers le trône patriarcal.
Les archimandrites, qui ont reçu le jeune Salomon et dont ils ont entendu la voix merveilleuse, ont voulu ménager une surprise au chef de l'Eglise. Ils ont fait asseoir l'orphelin, qui ne parle pas encore l'arménien, au pied du siège pontifical.
Soudain l'assistance frissonne d'émotion ; la voix irréelle de Salomon emplit le lieu saint et se répercute sur les pierres millénaires de la première basilique de la chrétienté. L'enfant entonne l'hymne sacrée, et un souffle divin plane sous la coupole.
Tous se sentent transportés vers le Seigneur ; tournés vers l'autel ils perdent la notion du temps, oublient leurs misères en entrevoyant, un instant, la sérénité ineffable de l'Eternité.
Alors aux yeux du vieux catholicos perlent des larmes, qui s'écoulent vers sa vénérable barbe blanche ; il ne les sent pas, et elles gouttent une à une, telle de l'eau bénite, sur la tête du sublime enfant.
Epuisé par le fardeau d'une nation en danger permanent de mort, le patriarche sait maintenant que le Christ n'abandonnera jamais son peuple et qu'il peut s'en aller rejoindre ses prédécesseurs en paix. Quelques mois plus tard, le 6 décembre 1882, Kévork IV allait rejoindre la demeure du Père.

Salomon n'avait plus qu'à étudier.
En 1890, il est ordonné diacre, il enseigne la musique au séminaire. Il consacre ses journées, ses instants de repos à parcourir les villages autour d'Edchmiadzin. Il rassemble en vrac 3.000 chants et danses de villages, puis il passe ses nuits à les étudier et à les classifier ; très peu nous sont parvenus.
Il dit lui-même :
«Pour cultiver et composer les chants folkloriques arméniens, il faut connaître de manière approfondie l'histoire, le climat et les conditions de vie nationale des Arméniens».
Il sait que la musique et le chant ont rythmé la vie de cette nation. C'est le baume, l'apaisement, la consolation pour les défaites, les deuils, les massacres ; ce sont des hymnes de louanges au Seigneur pour les joies et les victoires, des leçons d'espérance et de persévérance pour les heures d'adversité.

A. : En 1893, le catholicos Mgrditch 1° (*Baptiste*) Khrimian (*1892-1907*) que les Arméniens ont surnommé : *Khrimian Hayrig, Petit Père Khrimian*, - tant il se sacrifia pour la cause de son Eglise et de son peuple -, ordonne prêtre le diacre Soghomon. Il donne au nouvel abbé le nom de Gomidas, en religion.
En 1895, devenu archimandrite, Gomidas se rend à Tiflis (*aujourd'hui Tbilissi, capitale de la Géorgie*) ; les Arméniens en ont fait le centre oriental de la culture, non seulement arménienne mais aussi géorgienne. Peintres, musiciens, écrivains, acteurs, journalistes, en majorité arméniens, donnent à Tiflis un renom international. A l'Institut Nercessian de cette ville, le compositeur Magar Ekmalian, auteur de pièces musicales remarquables, et, surtout, d'une messe, donne des leçons particulières au vartabed Gomidas.
En cette fin de XIX° siècle, malgré les massacres, qu'on peut qualifier de pré-génocide, ordonnés par Abd ul-Hamid[13], les Arméniens ont fait de Constantinople le pendant occidental de Tiflis. Elevant le niveau intellectuel turc, ils enrichissent, par la même occasion, l'Etat ottoman grâce à leur industrie. Ils découvrent aussi l'héritage cultuel et culturel de leurs ancêtres.

---

[13] Clémenceau l'appelait, le «*sultan rouge*» ; Gladstone le surnommait le «*grand assassin*». Entre 1894 et 1896, il avait massacrer 400.000 Arméniens.

L'évêque Servantztiantz, Lalayan et d'autres font un remarquable travail de recherche. Ils rassemblent, répertorient les productions du peuple arménien. Ils en archivent les dialectes, les poèmes populaires, les coutumes, les danses, les adages, les proverbes, transmis, depuis la nuit des temps, de génération à génération. Apeghian, Malkhassiantz, Manandian étudient les manuscrits conservés dans les bibliothèques des monastères depuis le V° siècle. Ils en extraient des définitions originales, des exégèses théologiques. Ils découvrent une liberté et une aisance de ton et de style, caractéristiques de la race.
Adjarian, spécialiste du sanscrit, étudie 400 langues étrangères mortes et vivantes pour établir la filiation directe indo-européenne de la langue arménienne. La syntaxe, l'étymologie, la sémantique des langues anglo-saxonnes et scandinaves ont de nombreux points communs avec l'arménien qui les a inspirées[14].
Thoramanian court de ruine en ruine pour reconstituer, à partir de pierres éparses, de colonnes effondrées, de murs à demi-abattus, les caractéristiques d'un style religieux et d'une école d'architecture qui firent des émules en Orient et en Occident.
Karékine 1° Hovsépiantz, catholicos de la Grande Maison de Cilicie, découvre une nouvelle facette de la culture arménienne dans les miniatures et les enluminures, des trésors cachés dans les secrets des couleurs. Cet art merveilleux que les moines arméniens ont enseigné à leurs homologues occidentaux.

M. : Dans cette atmosphère, Gomidas se manifeste et approfondit ses recherches dans les chants sacrés et populaires. Il étudie les rythmes des danses folkloriques.
Patiemment il dégage le fond propre de la moindre chansonnette des influences assyrienne, byzantine, hindoue, persane, arabe. Extirpant la pierre précieuse des couches qui la recouvrent, il la fait scintiller de sa splendeur première.
Personne, avant lui, n'avait effectué un travail aussi remarquable permettant de dégager une parenté entre les musiques arménienne et occidentale. Cela ne veut pas dire que Gomidas préconise de rejeter les apports des cultures et des civilisations qui avaient influencé la

---

[14] On sait maintenant, d'après les travaux de chercheurs basques, espagnols et arméniens, que les vocabulaires basque et celte contiennent des centaines de mots étymologiquement arméniens.

musique arménienne. Aujourd'hui encore on y retrouve des balancements et des modes orientaux ; certains chants liturgiques sont fortement influencés par la musique byzantine, elle-même imprégnée d'une certaine langueur orientale.

En musicien capable de goûter et d'apprécier toute musique, Gomidas ne manifeste pas d'ostracisme contre tel ou tel genre. Son but et son mérite sont d'avoir montré l'existence d'une musique authentiquement arménienne.

Après son passage à Tiflis, Gomidas veut parfaire sa culture musicale, tisser des liens avec les milieux occidentaux pour mieux exposer l'originalité de la musique arménienne.

Le catholicos est favorable à ce projet.

Alexandre Mantachian (*ou Mantachoff*), le magnat du pétrole, propose de prendre tous les frais à sa charge. Cela permet à Gomidas d'étudier la musique à Berlin de 1896 à 1899. Il approfondit, par la même occasion, ses connaissances en philosophie, esthétique, peinture, etc.

A la fin de son cursus, il donne deux conférences en Allemagne sur les musiques liturgique et folklorique arméniennes. Il est tellement apprécié qu'il est nommé membre de la Société Internationale de Musique.

Couvert de gloire, une carrière de concertiste s'ouvre devant lui, il la refuse. Sa préoccupation essentielle est la foi et l'exaltation de celle-ci par la musique. De la musique arménienne qu'il voudrait faire connaître et faire partager au monde entier. S'il accepte les titres que les sociétés de renom lui décernent, s'il veut bien recevoir les récompenses, c'est uniquement parce qu'ils lui ouvrent les scènes internationales afin de faire entendre les beautés des mélodies ignorées de son pays.

A. : Il s'en revient à Edchmiadzin où il est chargé des recherches et de l'enseignement musicaux dans le cycle d'études supérieur du séminaire. Il profite de son séjour pour se mêler, après les messes et les offices, à la foule des pèlerins se pressant dans les jardins entourant la basilique. Il écoute et retranscrit les airs folkloriques de chaque région.

Quand des fidèles viennent en pèlerinage à Edchmiadzin, la coutume veut, pour certains encore aujourd'hui, qu'ils se réunissent après le service divin pour consommer poulets et agneaux sacrifiés en holocauste ; réminiscences des vieux rites païens englobés par l'Eglise.

Ces pique-niques populaires sont prétextes à chants et danses ; ainsi se rencontrent et s'apprécient les habitants de villages qui n'auraient jamais eu l'occasion de se connaître.

De cette intrication de rythmes, surgis du fin fond de l'Arménie plurimillénaire, Gomidas s'emplit les oreilles et devient le saint Mesrob[15] de la musique.

Le voilà, voyageant de hameau en hameau, de chaumière en chaumière, au milieu des travailleurs des champs, des vachers, des semeurs, des moissonneurs pour noter ce qu'il entend.

Il n'est pas aisé de saisir des instantanés dans toute leur spontanéité. Chanteurs, flûtistes, joueurs de kémantcha, tambourinaires peuvent, se sachant écoutés, avoir deux attitudes ; soit *en rajouter*, soit, et c'est la plus fréquente, se taire.

Ces paysans farouches, ces bergers, vivant au sein de leurs troupeaux, sur les pentes des hautes montagnes aux neiges éternelles, ces jeunes filles qui expriment pudiquement leur joie ou l'amour, ces mères qui murmurent des berceuses pour leurs nourrissons ou qui exhalent leur douleur secrète refusent de livrer la beauté et le secret de leurs chants, de leurs âmes à l'inconnu ; fût-il un archimandrite respecté.

Gomidas se cache au fond des granges, derrière les meules de foin, et, patiemment, attend que les trilles s'élèvent vers l'azur sans tache ou vers les nuages qui noircissent les cœurs.

Il s'imprègne des sonorités et les note sur ses carnets.

Dans sa cellule, il passe ses nuits à ranger, annoter, répertorier et écrire tous ces trésors jaillis naturellement du tréfonds d'un peuple oublié.

En 1901, la Société Internationale de Musique l'invite à donner une conférence sur la musique arménienne à Berlin.

Paris ne veut pas être en reste et l'arrache à la capitale du Reich. Là il rencontre le poète et écrivain Archag Tchobanian, ami de Jacques de Morgan, René Grousset, Anatole France, Frédéric Mistral et de beaucoup d'autres. Tchobanian désintéressé et dévoué à la cause de sa nation au point d'avoir inspiré, plus ou moins directement, nombre d'ouvrages sur l'histoire de l'Arménie.

---

[15] Saint Mesrob est l'inventeur de l'alphabet arménien, grâce à la protection du catholicos saint Sahac 1° et du roi Vramchabouh 1°.

M. : Tchobanian décerne à Gomidas le titre d'apôtre de la musique arménienne ; il écrit dans son journal Anahide :

«Grâce à son talent renforcé par l'étude des sciences occidentales, grâce à la masse de ses connaissances, il a pu parvenir à son but : ressusciter la culture de sa race. Le R.P. Gomidas a refusé un poste de professeur au conservatoire de Berlin pour retourner en son pays et pour se consacrer à la résurrection de la culture de son peuple, armé des méthodes occidentales éprouvées d'analyse et de synthèse.

Se mêlant au peuple, il a creusé jusqu'aux racines de la musique arménienne ; entrant dans les églises les plus petites des hameaux les plus reculés, il a écouté les chants liturgiques de simples prêtres, gardiens sincères et naïfs de la vieille culture arménienne, il a prêté l'oreille aux troubadours, aux chanteurs de noce et aux pleureuses, aux bergers et aux vierges des villages ; dans ces voix surnaturelles, surgissant du sol, il a retrouvé ce qui forme le fond de la musique d'une nation.

...

Aujourd'hui, nous pouvons affirmer qu'il existe une musique arménienne indépendante des grandes nations ayant dominé notre pays. Une musique surgie uniquement de l'âme de notre race, et qui a sans doute jailli de l'antique civilisation païenne, s'est perpétuée dans nos chants folkloriques et a pénétré jusque dans nos chants liturgiques».

En 1905, Gomidas vartabed donne conférences et concerts à Tiflis, engendrant un enthousiasme et une fierté que les Arméniens avaient oubliés.

Entreprenant des voyages à travers le monde et profitant de sa notoriété, il devient le propagandiste éclairé et virtuose de la musique arménienne ; à travers elle, il met en exergue la civilisation arménienne. Il est à Constantinople, Le Caire, Venise, Zürich, Lausanne, Berne, Berlin.

L'année 1906 le voit à Paris, où il apprend aux mélomanes éblouis que la musique arménienne ne s'est pas figée sur les vieilles acquisitions mais qu'elle évolue et crée dans une originalité vivante et sublime. Il n'est que de lire *Le Figaro*, *Le Monde* et d'autres journaux de l'époque pour y retrouver les échos élogieux et admiratifs que soulevaient les concerts du Père Gomidas.

En 1910, il s'installe auprès du patriarche de Constantinople. Dans cette ville se trouve une importante colonie arménienne laborieuse et cultivée.

A. : En 1461, huit ans après la prise de Constantinople, le sultan Méhémet II avait créé par firman (*décret*) le patriarcat arménien de sa nouvelle capitale avec les mêmes droits et prérogatives que le patriarcat grec orthodoxe. Méhémet installa les Arméniens près des portes de la ville ; il savait que même des Turcs pourraient les ouvrir à l'ennemi mais pas les Arméniens.
Enrichissant les Turcs, matériellement et intellectuellement, les Arméniens inventèrent le théâtre turc, codifièrent la grammaire turque, fondèrent la faculté de médecine de Constantinople, traduisirent, en osmanli, Molière, Shakespeare, Victor Hugo, Alexandre Dumas, la plupart des auteurs européens, et tant et tant d'autres choses dont l'énumération et la description pourraient demander plusieurs émissions. Grâce aux Arméniens la capitale de l'Empire ottoman prit des allures de ville occidentalisée.
Hélas ! en apparence seulement.
La baguette inspirée de Gomidas, elle, rétablissait le contact entre les Arméniens de Constantinople et leurs racines caucasiennes et ciliciennes, faisant jaillir la source vive venant, à travers montagnes et vallées, revivifier le lac de l'âme arménienne. Puis il repartait diriger chœurs et orchestres par toute l'Europe.
La première guerre mondiale éclate, la Turquie rejoint le camp de son alliée naturelle, l'Allemagne. Guillaume II a pour dessein de transformer l'Empire ottoman en colonie allemande. C'est le vieux rêve d'un Empire d'Orient, - élargissant vers l'est le Saint Empire Romain Germanique -, caressé par Frédéric Barberousse au XII° siècle ; à ceci près que Barberousse avait choisi le prince Léon II, souverain d'Arméno-Cilicie, pour ce projet. Il voulait un Empire d'Orient chrétien et non germano-turc.
Pour Guillaume II la Turquie est un pas sur le chemin des Indes. Au passage, il mettra la main sur les plaines d'Anatolie et de Cilicie, fertilisées par les Arméniens et les richesses pétrolières de Mésopotamie.
Mais les Arméniens sont la colonne vertébrale de la prospérité turque. Malgré leur fidélité à l'Etat turc, - qui a pourtant envahi l'Arménie -, ils gênent les desseins des nouveaux alliés. On décide de les éliminer.

Djemal, Enver et Talaat, formés en Allemagne, ne veulent pas d'un Etat multiconfessionnel et multiethnique. Soutenus par le Reich, ils inventent, au début du XX° siècle, la *purification ethnique*, le *génocide*, l'*ethnocide*, même si ces mots n'existent pas encore.

Les Arméniens disparus, Constantinople, réduite au rang d'Istanbul, n'est plus et ne sera plus jamais une grande capitale européenne, mais une sorte de ville surpeuplée du tiers-monde dissimulant, sous ses haillons, les merveilles d'un passé qui ne lui appartient plus.

Le paysan arménien disparu, l'Anatolie et la Cilicie sont devenues des déserts, où des troupeaux d'ovins et de caprins efflanqués mâchonnent une herbe rare.

Les intellectuels arméniens disparus, il n'y a presque plus de maîtres, d'enseignants désintéressés pour sortir le peuple turc de l'obscurantisme.

Malheureuse Turquie ! elle s'est autodétruite en massacrant les Arméniens. Elle ne peut même plus nourrir ses prolétaires qui viennent gonfler les populations, ayant perdu leurs repères et leurs références, dans l'impersonnalité des banlieues européennes.

M. : Et toi, Gomidas vartabed, toi qui avais consacré ta vie à enregistrer les chants pleins de ferveur dans les églises, les voix des hommes de ton peuple, les chants cristallins et purs des jeunes filles et des enfants d'Arménie, comment ta raison n'aurait-elle pas été ébranlée en voyant tes frères assassinés, ta race ruinée et écartelée ? Enfermé dans une des geôles de la déportation, tu décidas de célébrer l'Eucharistie ; prenant le pain sec, tu dis :

«*Prenez et mangez, ceci est mon corps qui, pour vous et pour la multitude est partagé pour l'expiation et la rémission des péchés*».

Tu levas ton broc d'eau, en guise de vin, et dis :

«*Buvez-en tous, ceci est mon sang...*».

Et tu t'écroulas.

Comme le dôme resplendissant de l'église, que la foi des hommes a élevé, s'affale sous la poussée du tremblement de terre, ainsi l'esprit de Gomidas, esprit sensible et fragile de grand artiste et de prêtre pénétré de l'importance de son ministère, sanctuaire du chant arménien, s'éparpille et chancelle, laissant l'œuvre inachevée.

On était en 1916, Gomidas vartabed venait de perdre la raison. L'apôtre de la musique arménienne était fauché en pleine sève, en pleine période d'activité créatrice.

En 1936, son âme allait rejoindre son esprit évaporé depuis vingt ans.
Heureusement, il avait eu le temps de former de nombreux disciples. Tous les dimanches dans la plupart des églises arméniennes du monde entier, on chante, de préférence, la messe composée par Gomidas.
Depuis près de deux mille ans que l'Eglise arménienne célèbre le Saint-Sacrifice, il y a eu de très nombreuses partitions composées par des musiciens connus, ou dont les noms se sont perdus dans la nuit des temps.
On peut dire que la musique sacrée composée par Gomidas a su restituer aux hymnes religieuses leur pureté originelle. Ainsi tous les dimanches, Gomidas vartabed, qui a sacrifié une notoriété internationale à la culture de son peuple, revit dans le cœur des fidèles.

MOSAÏQUES

(*sixième émission*)

Maryse : Laissons de côté, pour quelques émissions, la description des églises arméniennes et intéressons-nous aux revêtements pariétaux et aux pavages des sanctuaires. Un sujet retiendra notre attention aujourd'hui : la mosaïque. Ce n'est pas que les vestiges abondent en Arménie, et ceux qui restent ne sont pas assez nombreux pour que l'on puisse les rattacher à une école. Toutefois, l'infime partie qui a échappé aux outrages de la nature et au vandalisme des envahisseurs successifs reste remarquable par une facture personnalisée et originale.

Albert : Le premier homme qui eut l'idée de la mosaïque était sans doute un adepte du jeu de patience, un précurseur du puzzle. Il avait le sens artistique développé au point de représenter des merveilles avec des débris laissés pour déchets. Comme nos auditeurs le savent, la mosaïque se compose de petites pièces en verre, en pierre, en émail, en bois, en argile, etc., de couleurs et de tonalités variées, assemblées et juxtaposées avec le goût du dessin et des nuances pour former un revêtement mural ou un pavement. Dès qu'il y eut des sociétés organisées des artistes produisirent des œuvres mosaïcales.
La première mosaïque connue fut mise au jour en Mésopotamie, elle date du troisième millénaire avant J.-C. ; les archéologues y décelèrent des indications sur la civilisation sumérienne. Elle est composée d'un fond de lapis-lazuli collé sur du bitume, incrusté de coquillages figurant des personnages. Le pétrole, qui a fourni le bitume, sourdait dans cette région qui deviendra l'Iraq sans susciter encore de convoitises.

M. : Les chercheurs découvrirent d'autres mosaïques de la fin du premier millénaire avant J.-C., en Chaldée ; cette fois on s'était servi de débris de terre cuite enfoncés dans les murs en pisé. Cette région manquait de pierres, c'est ce qui explique les constructions en briques ou en terre cuite qui se sont effritées avec le temps.
Des techniques mêlant le bois et les éclats de pierre, plus ou moins précieuse, firent leur apparition dans l'Egypte du Nouvel Empire. Les sols des riches demeures de la Grèce du IV° siècle avant J.-C.

se couvrirent de pavements de mosaïques, de même que les temples. D'après les coloris, les représentations allégoriques ou celles qui figurent des faits réels, la mosaïque est un art à part entière. Ces scènes permettent aussi à l'archéologue, à l'historien de comprendre et d'expliquer les modes de vie et les coutumes de l'époque.

A. : Considérait-on ces auteurs comme des artistes ou des artisans, les ouvriers suivaient-ils les plans et directives d'un maître ou, se transmettant le savoir, - à l'image des compagnons -, étaient-ils responsables de leurs œuvres ? Les mosaïstes se recrutaient et se formaient en Asie Mineure. En raison de leurs origines mésopotamienne ou assyro-chaldéenne, on les englobait sous le nom générique de Syriens. Dans l'antiquité et les premiers âges du christianisme on a souvent confondu Syriens et Arméniens. L'Arménie, héritière de la civilisation mésopotamienne, subit l'influence hellénique au passage d'Alexandre le Grand et sous le règne de Tigrane II le Grand. Très tôt dans l'histoire, elle connut la mosaïque.

M. : En Arménie les rares monuments de l'époque païenne, rescapés de la destruction de l'ère chrétienne, en fournissent des exemples. Prenons Garni ; c'est le seul endroit où se trouve un temple de style grec. A l'ère chrétienne, il devint la résidence d'été puis la sépulture de la princesse Khosrovidouhte, sœur du roi Tiridate III. Le temple de Garni fut en partie détruit par un séisme au XVII° siècle.

A. : Ceci explique la profusion de mosaïques, qu'on peut deviner, dans les églises arméniennes, dès la promulgation du christianisme religion d'Etat en 301. Consacrés à la gloire de celui-ci, les intérieurs se couvrirent de représentations à thème religieux avec des années d'avance sur Constantinople et Rome.
En Arménie, dès le IV° siècle, les mosaïques tapissèrent les murs et les sols de nombreuses basiliques et églises ; il n'en reste à peu près rien.
La basilique de Dvin, un des Sièges historiques du catholicossat, fut édifiée au V° siècle. Du pavement de cette époque il ne subsiste qu'un fragment de mosaïque aux couleurs passées. Il est si réduit que les dessins géométriques, détail de l'ensemble, ne permettent pas de deviner ce qu'il représentait. Ce sanctuaire fut remanié au VII° siècle. On en modifia le plan basilical en y adjoignant un transept,

pour lui donner le type cruciforme, et une abside qui le prolongea à l'est. En 1907, au cours de fouilles, on y dévoila une mosaïque murale absidiale représentant la Sainte-Mère de Dieu. L'Eglise arménienne était, alors, en butte aux persécutions tsaristes, et nul ne sait ce qu'est devenue cette quasi-relique.
Si l'Etat turc permettait qu'on étudiât, sinon qu'on restaurât, les églises qui parsèment le sol de l'Arménie historique, on pourrait y découvrir des mosaïques et des fresques enfouies sous les décombres.

M. : A Zwartnots, autre Siège historique du catholicossat, une magnifique église cruciforme, inscrite dans un cercle, fut édifiée au VII° siècle. Elle s'écroula au X° siècle, sous l'effet probable d'un tremblement de terre. Sur les ruines des murs de l'abside-est, on a dégagé les débris d'une mosaïque pariétale ; elle représente une croix inscrite dans un cercle dont il ne reste que le haut.

A. : Avant sa conversion, le roi Tiridate III avait fait martyriser saint Grégoire et jeter dans un cul de basse fosse, appelé *Khor Virab*. En ce lieu, au IV° siècle, le catholicos saint Nersès 1° le Grand fit édifier une église consacrée à la mémoire de son aïeul. Au X° siècle, l'historien arabe Al-Mouqadassi nous en rappelle l'existence. Il décrit des colonnes en pierres blanches et une mosaïque murale de l'abside représentant la Vierge Marie. Cette basilique ayant disparu au XVIII° siècle, au moment des invasions perses, on la remplaça, à la même époque. Nous ne connaissons l'existence de l'édifice originel que grâce à l'historien arabe.

M. : A la lumière de ces rares découvertes, nous constatons que les parois et les sols des églises arméniennes n'étaient pas dans le même état qu'aujourd'hui. Avant les déprédations du temps et des hommes, les murs se revêtaient de mosaïques et de fresques, les sols se couvraient de pavements de mosaïques. Chapiteaux, frises, frontons de bois sculpté paraient la pierre lisse. Quand celle-ci n'était pas habillée, on la travaillait comme une pièce d'orfèvrerie. Les mosaïques les mieux conservées ont été découvertes loin des frontières de l'Arménie, en Terre Sainte.
C'est en Israël que les symboles religieux bibliques s'exprimèrent pour la première fois sur le support de la mosaïque. Les synagogues étaient déjà décorées de mosaïques. Le peuple juif avait assimilé et

digéré, au cours de son nomadisme volontaire ou forcé, les enseignements artistiques sumériens et chaldéens.
Nous savons que les premiers chrétiens étaient, en majorité, d'origine juive. Les premiers patriarches de Jérusalem, qui succédèrent à l'apôtre Jacques le Juste, étaient juifs. Des patriarches syriens et arméniens maintinrent une communauté de tradition chrétienne encore proche des temps bibliques. Qu'ils aient été juifs, arméniens ou syriens, les chrétiens orientaux eurent de bonnes relations avec les juifs restés fidèles à leur religion d'origine. Cela explique les similitudes et les concordances entre les mosaïques juives et arméniennes, trouvées en Terre-Sainte.

A. : A la fin du XIX° siècle on a découvert sur le Mont des Oliviers sept pavements de mosaïque arménienne représentant des animaux ou des dessins géométriques. On pense qu'ils recouvraient le sol des églises. On n'y relève aucune figure sainte, les représentations pieuses se trouvaient sur les mosaïques murales ; le sol, destiné à être foulé, ne pouvait en être marqué. L'un des panneaux se compose de cinq rangées de cercles ou de carrés, s'entrelaçant autour d'oiseaux de toutes sortes ; on y lit, inscrit en caractères arméniens, un nom : Der Hagop (*Seigneur Jacques, ce qui correspond à Père Jacques*). Toutes les suppositions sont ouvertes quant à la personne de ce prêtre.
Ailleurs on trouve les figures géométriques savamment enlacées et torsadées. Mammifères, grappes de raisin, oiseaux occupent des emplacements de formes multiples. On y déchiffre, toujours en arménien : *Chouchanig, mère d'Artavan* ; les mêmes interrogations que pour le précédent restent aussi sans réponses. Sur cette pièce on déchiffre une date : *8 Hori*. Hori est le deuxième mois du calendrier arménien, formé au VI° siècle. Nous avons donc le jour et le mois mais pas l'année. On peut dire, en tout cas, que la mosaïque n'est pas antérieure au VI° siècle. Ceci suppose l'existence d'Arméniens en Palestine depuis très longtemps.

M. : La plus curieuse et la plus grande mosaïque arménienne a été découverte en 1894 près de la porte de Damas. Elle approche les 80 mètres de long. Avec ses motifs floraux, ses animaux et ses fruits, elle semble un somptueux tapis tissé dans le Caucase. Le fond est doré ; des enroulements de pampres s'y dessinent dans un cadre formé d'un liseré de pourpre double relativement étroit et renfermant un motif géométrique en forme de tresse tricolore, brune, rouge et or. Cette lisière délimite le panneau. La composition part du milieu du bas et s'agence autour d'un axe médian. Remarquons une belle et large vasque donnant une impression de relief véritable. Ce point de départ repose sur un large motif végétal floral, mi-lotus mi-acanthe de couleurs variées et nuancées. L'attention est retenue par deux paons, de part et d'autre de la vasque ; ces oiseaux se tiennent dans une majestueuse symétrie. Le chatoiement des coloris, accentué par les ocelles de leurs queues repliées, laisse présager de leur éclat si elles venaient à se déployer. Le paon est avec la grue le volatile emblématique des expressions artistiques arméniennes. Jaillissant de la vasque, des volutes de rubis s'entrelacent et se compliquent en s'épanouissant. Des échassiers, des gallinacées, des palmipèdes, des passereaux, plusieurs espèces d'oiseaux de tonalités diverses occupent les élégants entrelacs stylisant les pampres de la treille. Certains picorent les grappes de raisin suspendues, d'autres se lissent les plumes ou se tiennent tête dressée ou penchée.

Revenons à l'axe central, et remontons-le pour y découvrir des coupes de fruits étagées ; un aigle bat des ailes pour s'envoler vers un petit oiseau enfermé dans une cage rouge se balançant entre deux grappes de raisin. Plus haut, comme pour donner une impression de symétrie avec la vasque du départ, mais de dimension plus réduite, on découvre une grande corbeille débordant de fruits, encadrée par deux grands oiseaux aux pattes fortes et à la huppe à demi-dressée. Deux charmants passereaux bleutés, aux pattes carmin, perchés, bec amarante contre bec amarante, sur les entrelacs infinis, alourdis de grains de raisin, mettent le point final. Des grues couronnées et d'autres volatiles, aux poses diverses, s'éloignent vers la périphérie. Une inscription, en caractères arméniens, placée au-dessus du liseré horizontal proclame :

«*En souvenir et pour la rédemption de tous les Arméniens, dont le Seigneur connaît les noms*».

Ce motif comportant des pampres et du raisin était assez courant en Palestine. On a trouvé des représentations mosaïcales similaires dans des synagogues ; ce qui laisse présager de l'influence juive, en Terre-Sainte, sur les productions chrétiennes.

Certains prétendent que la mosaïque dérive des créations grecques et romaines. Quand on sait que les plus belles mosaïques grecques étaient composées par les orientaux, Grecs d'Asie Mineure, Juifs,

Syriens et Arméniens, héritiers directs des artistes mésopotamiens, alors la controverse sur la filiation devient un faux débat.

A. : En ce qui concerne les Arméniens, la découverte des mosaïques signe l'existence à Jérusalem de congrégations et de monastères remontant aux débuts de l'ère chrétienne. Des moines géorgiens et albano-caspiens étaient hébergés dans ces couvents. La Géorgie et l'Albanie Caspienne ou Aghouanie (*Azerbaïdjan ex-soviétique actuel*) furent évangélisées par les missionnaires arméniens, et firent partie de l'Eglise arménienne. Les textes liturgiques géorgiens de cette époque sont, pratiquement tous, des traductions ou des imitations d'écrits arméniens. Le lectionnaire arménien (*machtotz*) conserve, encore de nos jours, les antiques coutumes de la liturgie de saint Jacques, dite de Jérusalem.

Ces manuscrits, ces parchemins sont, peut-être, les seules reliques de la liturgie de l'Eglise primitive. Beaucoup ont disparu dans la tourmente des invasions, un certain nombre est conservé dans les musées et les bibliothèques du catholicossat et des patriarcats. Ils sont loin d'avoir été tous traduits ou étudiés dans les langues européennes.

Des mines insondables et de merveilleux trésors attendent les théologiens, les chercheurs, les savants pour découvrir les enseignements ignorés des pères de l'Eglise d'Orient ; et pour admirer les miniatures et les lettrines enluminées ornant l'expression de la foi ardente des chrétiens des premiers âges.

LES FRESQUES

(*septième émission*)

Maryse : De même que les mosaïques ornant les pavements et les absides des églises arméniennes n'ont pas résisté aux agressions du temps et des hommes, de même les fresques ont subi des dégradations si importantes qu'elles ont presque disparu.
Nous admirons, quand l'occasion se présente, les remarquables techniques architectoniques et la stéréotomie. Nous arrivons difficilement à nous représenter les tapisseries, les fresques et les mosaïques qui les revêtaient.
Dès le V° siècle, les artistes décorèrent les plafonds, les murs et les absides des sanctuaires arméniens. Combien de *Chapelles Sixtines* furent-elles parées de motifs bibliques par des prédécesseurs de Michel-Ange ? Nous ne le savons pas, et ne le saurons jamais. Nous nous contenterons d'examiner les bribes et les détails qui subsistent.

Albert : Si nous nous reportons aux descriptions des contemporains, les fresques représentaient, à partir du VII° siècle, saint Grégoire l'Illuminateur et les tourments qu'il supporta, les martyres des vierges, de saint Etienne-protomartyr, la Théophanie, le Baptême du Christ, sa Passion, sa Crucifixion, sa Résurrection, son Ascension, etc.
Dans le contexte des mouvements iconoclastes, qui agitaient l'Empire byzantin, les Arméniens surent garder raison et équilibre en matière d'imagerie religieuse. Ils continuèrent à représenter des scènes religieuses, mais il n'y eut et il n'y a jamais eu de statues dans les églises arméniennes, par réaction contre l'idolâtrie.
On sait que l'iconoclasme se déchaîna à Byzance, à partir du VIII° siècle. Condamnant le culte des images, les iconoclastes prétendaient lutter contre la superstition. Ils étaient, infiltrés par les sectes manichéennes, dont l'activité néfaste aboutit à la destruction des premières icônes, trésors de l'art byzantin chrétien débutant.

M. : Au VIII° siècle, l'Eglise arménienne était en butte aux attaques de ces sectes ; l'une d'elles, la *paulicienne* tenta même de l'infiltrer. Aussi n'adhéra-t-elle point aux outrances des iconoclastes byzantins. A cette époque, l'art de la fresque était dans son plein épanouissement en Arménie. Connue depuis la plus haute antiquité, la fresque n'est pas une décoration murale banale. Elle exige de l'artiste une rapidité d'exécution et une sûreté de trait peu communes. Le travail doit être fait du premier jet.

A. : De l'italien *fresco,* la fresque consiste à peindre avec des couleurs détrempées dans de l'eau sur une muraille fraîchement enduite. Composé d'un mélange de sable fin et de chaux éteinte, l'enduit est, la plupart du temps, appliqué sur du mortier frais. La peinture est apposée à l'aide de brosses carrées ou plates ou des pinceaux à poils fermes et pointus, et, toujours, très longs. Au fur et à mesure que la chaux les absorbe les teintes perdent de leur vivacité. Pour leur donner l'éclat voulu, il faut les passer deux ou trois fois, et très vite, ne serait-ce que pour éviter les taches. Il est impossible de procéder à des retouches et d'utiliser des couleurs composées ou artificielles. On ne peut se servir que de terres naturelles. Dès que l'enduit est sec il refuse la couleur. On peut pallier cet inconvénient en hachurant à sec pour donner du relief. Procédé difficile, la fresque ne pardonne pas les erreurs. Elle donne, en contrepartie, une œuvre d'art durable, obtenue rapidement.

M. : On admet que la durée de la fresque dépend de l'enduit des murs. Encore faut-il que ceux-ci soient préservés des intempéries. De nombreuses églises arméniennes étaient décorées de fresques. On n'en retrouve que des fragments. Parfois des traces de couleurs sur un mur évoquent leur présence. Certains ont pensé que la couche de plâtre était simplement posée sur la pierre nue et qu'elle aurait glissé en raison de sa minceur ; cette hypothèse ne résiste pas à l'analyse. Nous venons de voir que l'enduit, composé de sable et de chaux, était appliqué sur un mortier frais ; il est donc impossible que la chaux puisse tenir directement sur la pierre. Dans ce cas les fresques n'auraient même pas pu recevoir un commencement d'exécution. Le sérieux du travail et le savoir-faire des artistes arméniens sont trop universellement admis pour qu'on puisse mettre en doute leurs techniques. Nul ne sait si ces sanctuaires ont pu continuer à être entretenus après le passage des hordes barbares. Les églises étaient transformées en casernements, dépôts de fourrages, écuries pendant les périodes d'occupation.

Les tentures arrachées, les portes abattues, les fenêtres sans protection ont fait de ces lieux les victimes des intempéries, des déprédations opérées par une soldatesque, tour à tour, perse, byzantine, arabe, mongole, turque. Les fresques ne pouvaient pas être emportées, mais rien n'empêchait le soldat désœuvré de les gratter, de les détruire. Quelle couche d'enduit ou de plâtre peut-elle résister à des variations de température autour de 75°, - en Arménie la température varie de -30° l'hiver à +45° en été -, à la pluie, à la neige, au vent, au soleil quand portes et fenêtres viennent à manquer pendant des siècles ?

A. : Si malgré ces horribles et néfastes conditions, on découvre encore des résidus de fresques, c'est qu'elles étaient exécutées dans les règles de l'art.

M. : Laissons-là ces détails techniques et décrivons quelques productions des artistes anonymes.

A. : Dans la région d'Abaran, entre Erévan et Gumri, on découvre le monastère de Lmbad (*Lmbadavank*), datant du VII° siècle.
Gumri a retrouvé son nom d'origine. Le régime tsariste l'avait débaptisée pour l'appeler Alexandropol. Les communistes la nommèrent Leninakan. On se souvient que cette cité a été détruite, en même temps que la ville de Spitak, par le tremblement de terre du 8 décembre 1988. Ce séisme toucha tout le nord de l'Arménie, - qui hébergeait les réfugiés fuyant les persécutions des Turcs d'Azerbaïdjan -, faisant des dizaines de milliers de morts.
Dans les ruines du monastère de Lmbad se dresse l'église Sourp-Stepanos (*Saint-Etienne*). C'est une construction cruciforme, dont la coupole, au lieu d'être soutenue par des piliers ou des niches, est supportée par des voûtes en berceau. Elle a été restaurée sous le pontificat de feu Vazken 1° (*1955-1994*). Nous n'allons pas en parler pour son originalité architectonique mais pour décrire ce qui reste des fresques. Située dans une vallée austère dont la rivière prend des allures de torrent pour dévaler des sommets battus par les vents de la Mer Noire, elle a réussi à conserver une partie de la fresque absidiale. Il n'a pas été possible de la reconstituer.

M. : Elle laisse entrevoir des couleurs vives et un relief saisissant, bien que les trois quarts aient disparu. Le personnage central, dont on ne distingue pas le haut, est auréolé de trois couleurs bien marquées, comme un arc-en-ciel. Un épais trait vert s'inscrit dans une bande dorée, elle-même cernée d'un liseré rouge. Il s'agit de

Jésus-Christ, revêtu d'une robe somptueuse dont on devine les pans multicolores, et dont l'agencement des plis nous fait deviner qu'Il est assis. Les montants du trône sont d'une matière précieuse, incrustée de pierres rares aux teintes lumineuses, entourée de perles. Le siège prend appui sur un piédestal dont les bords sont aussi enchâssés de perles, délimitant des carrés rouges, verts ou bleus renfermant des motifs géométriques quadrangulaires ou circulaires ; ils sont mis en valeur par un fond différent, vert sur fond rouge, doré sur fond bleu, rouge sur fond ivoire, etc. A l'extérieur du nimbe tricolore, auréolant le Seigneur assis sur son trône, on voit les êtres symboliques de la vision d'Ezéchiel :

«*Au centre encore, apparaissaient quatre animaux, dont l'aspect avait une ressemblance humaine. Chacun d'eux avait quatre faces et chacun quatre ailes*» (*1, 5-6*).

Sur la fresque, ces animaux se tiennent entre les roues ; leurs ailes jointes sont constellées d'ocelles passant par toutes les nuances du bleu à l'azur. Reprenons plus loin la vision d'Ezéchiel :

«*Ils avaient des mains d'homme sous les ailes à leurs quatre côtés; et tous les quatre avaient leurs faces et leurs ailes. Leurs ailes étaient jointes l'une à l'autre ; ils ne se tournaient point en marchant, mais chacun marchait droit devant soi*» (*1, 8-9*).

Toujours sur la fresque, on remarque que les deux êtres, à droite et à gauche, ont une face humaine qui apparaît au milieu de deux ailes croisées vers le haut et deux vers le bas recouvrant le corps. L'extrémité inférieure des ailes forme une sorte de rideau à demi-soulevé encadrant une portion de robe d'où émergent deux petits pieds. Revenons à Ezéchiel :

«*Quant à la figure de leur face ils avaient tous quatre une face d'homme, tous quatre une face de lion à droite, tous quatre une face de bœuf à gauche, et tous quatre une face d'aigle. Leurs faces et leurs ailes étaient séparées par le haut ; deux de leurs ailes étaient jointes l'une à l'autre, et deux couvraient leurs corps*» (*1, 10-11*)

A. : Sur la fresque de Lmbad on ne voit que deux êtres quadriformes. Il y a de fortes chances pour que les deux autres se soient trouvés dans la partie supérieure, détruite, pour faire le total des quatre animaux d'Ezéchiel. De même que les faces de lion, de bœuf et d'aigle, qui devaient exister si on se réfère aux faces humaines rescapées. Ceux qui restent sont flanqués de deux roues, à droite et à gauche. Chacune d'elles, dans la fresque, semble être au milieu de l'autre, par un curieux effet d'optique. Couleur d'or, les roues se détachent sur un fond carmin. Des flammes dorées et rougeoyantes se dressent en ondulant à partir du bas du tableau jusque derrière les roues, au-dessus du piédestal et entre les animaux. Ce qui illustre parfaitement la vision d'Ezéchiel : «*L'aspect de ces animaux ressemblait à des charbons de feu ardents, c'était comme l'aspect des flambeaux, et ce feu circulait entre les animaux ; il jetait une lumière éclatante, et il en sortait des éclairs. Et les animaux couraient et revenaient comme la foudre. Je regardais ces animaux ; et voici, il y avait une roue sur la terre, près des animaux, devant leurs quatre faces. A leur aspect et à leur structure, ces roues semblaient être en chrysolite, et toutes les quatre avaient la même forme ; leur aspect et leur structure étaient tels que chaque roue paraissait être au milieu d'une autre roue*» (*1, 13-16*).

De cette œuvre d'art il ne reste que des bribes majestueuses. A chacune de ses extrémités on relève des images presque effacées d'anges à six ailes ; leur couleur vert émeraude est encore bien vive. On imagine de quel éclat elle devait briller il y a 1300 ans.

L'Eglise arménienne met l'accent sur la Manifestation de la Divinité du Christ à travers sa Nativité ; c'est ce qu'on appelle la Théophanie. Elle est la seule à ne pas séparer Noël de l'Epiphanie, conformément à la tradition de l'Eglise primitive, prônée par saint Grégoire de Nazianze. Ceci explique le nombre de représentations des visions théophaniques dans l'imagerie religieuse arménienne.

M. : Remarquons que les anges des extrémités font partie de la vision d'Esaïe. Ils ont été surajoutés à celle d'Ezéchiel :

«*L'année de la mort du roi Ozias, je vis le Seigneur, assis sur un trône très-élevé, et les pans de sa robe remplissaient le temple. Des séraphins se tenaient au-dessus de lui ; ils avaient chacun six ailes : deux dont ils se couvraient la face, deux dont ils se couvraient les pieds, et deux dont ils se servaient pour voler. Ils criaient l'un à l'autre, et disaient : Saint, Saint, Saint est le seigneur des armées ! toute la terre est emplie de sa gloire*» (*Esaïe 6, 2-3*).

Eh bien ! sur les restes misérables de cette magnifique fresque de Saint-Etienne de Lmbad, voyant ces malheureux séraphins bien

abîmés on a l'impression qu'ils frémissent et volent encore en s'écriant pour l'éternité la formule trinitaire :
«*Saint, Saint, Saint est le seigneur des armées !*»
En résumé, et pour avoir un aperçu d'ensemble, l'auréole tricolore, qui sublime le Christ, prend une allure ovoïde pour épouser la forme voûtée et arrondie de l'abside au fond. Les êtres à quatre faces, qui dressent deux de leurs ailes vers le haut tout en s'enveloppant dans les deux autres vers le bas, contrôlent les quatre roues en chrysolite, comme des sentinelles servant le Seigneur, assis sur le trône des chérubins. Les séraphins hexaptères d'Esaïe encadrent l'ensemble de la vision d'Ezéchiel en s'avançant sur les piliers latéraux, ouvrant l'abside vers le peuple.

A. : Il est difficile à la radio de donner une idée des formes, des couleurs, des proportions, du mouvement de ces fresques. Nous tentons d'en faire une description aussi précise que possible. Après tout, cela pourrait stimuler le désir des auditeurs d'aller contempler sur place ces merveilles.
On nous entend parler de trônes, de chérubins, de séraphins. Une courte explication peut sembler utile. Pour le chrétien les anges sont des êtres purement spirituels, intermédiaires entre Dieu et les hommes. Dès le commencement du christianisme on les a partagés en trois hiérarchies, divisées, chacune, en trois chœurs :
¤ la première hiérarchie comprend le chœur des *séraphins*, celui des *chérubins* et celui des *trônes* ;
¤ la seconde, les *dominations*, les *vertus*, les *puissances* ;
¤ la troisième, les *principautés*, les *archanges* et les *anges*.
Dans les fresques, les frises, les hauts et bas-reliefs des églises arméniennes, on les retrouvera entourant, servant et glorifiant le Seigneur, la Mère Immaculée de Dieu, et les saints.
Les fresques, dont quelques-unes ont survécu, ornaient surtout les absides ; ce qui ne veut pas dire que les murs en fussent dépourvus. Dans les conques les intempéries et le vandalisme semblent avoir eu moins de prise.
Au sud de Lmbad, au nord-ouest d'Erévan, dans une des vallées du mont Aragadz, qui culmine à plus de 4.000 mètres, arrêtons-nous dans un de ces sanctuaires. Nous sommes à Talinn, au cœur du fief des Kamsarakan, qui furent de grands bâtisseurs. On y découvre deux églises. La plus petite fut érigée au VII° siècle, sur l'ordre du prince Nersès Kamsarakan. Elle se situe au milieu du rayon de

Talinn, ce qui en fait la chapelle princière. Vazken 1° l'a fait restaurer.

M. : La grande église, qui date aussi du VII° siècle, a été quasiment détruite par le tremblement de terre de 1840. La coupole s'est écroulée ainsi qu'une partie du tambour. Ont résisté, les quatre piliers, unis par des arches, qui les supportaient, de même que les murs nord et est. Sur ce dernier, qui est celui de l'abside, on découvre quatre fresques entre les fenêtres. Chacune d'elles représente deux personnages en pied, dont l'allure et l'auréole en font des saints. Les bribes colorées de la fresque nous font deviner un thème théophanique, - difficile à déchiffrer -, encadré de saints. Sur le mur sud, gisant par terre, Strzygowski a pu voir, en 1918, une *entrée à Jérusalem* avec le Christ sur l'âne, accompagné de six apôtres. Aujourd'hui il ne reste même pas le nom, relevé par Strzygowski, du vartabed Movsès (*archimandrite Moïse*) qui dirigea les artistes.

Dans cet art sacré rien n'est dû au hasard ou au caprice de l'artiste. Imprégné d'Ecriture sainte, il se doit d'édifier le fidèle et le conduire à imiter les œuvres bonnes et pieuses. Les seules fantaisies qu'il se permet se remarquent dans la personnalisation de la production et dans les trouvailles techniques. Nous n'avons pas relevé de signatures sur les fresques. Les auteurs ne recherchaient pas la célébrité.

A. : A quelques kilomètres d'Edchmiadzin, et au sud de Talinn, pratiquement à mi-chemin entre les deux, on découvre une autre église du VII° siècle, Talich. Comme dans toutes les églises arméniennes, l'abside est occupée par une plate-forme supportant le maître-autel. A Talich il reste un bloc de pierre nue, piédestal de la Sainte-Table, image très émouvante qui nous reporte à l'époque où le service divin se déroulait dans toute sa munificence. Trois fenêtres de tailles égales, symbolisant la Sainte-Trinité, permettent à la lumière d'inonder l'hémisphère de la conque. Un arc doubleau aux proportions harmonieuses, s'appuyant sur des pilastres à demi-engagés, ouvre l'abside sur la nef. Se faisant face sur les côtés, deux grandes ouvertures, au moins trois fois plus hautes que les trois du fond, dosent l'éclat du jour selon les heures. Strzygowski, qui a beaucoup étudié l'art ecclésial arménien, écrit :

«Les intérieurs arméniens peuvent être considérés comme des modèles de l'art de préparer le visiteur au recueillement et à la méditation, non par la richesse des ornements ou des motifs décoratifs, mais par l'effet des masses et des volumes, par la mise en valeur de l'espace grâce à l'alternance des zones d'ombre et de lumière».

Nous n'avons, cependant, aucune idée de *la richesse des ornements et des motifs décoratifs*. Ce qui survit, malgré sa rareté, nous permet de penser qu'il ajoutait encore à *la mise en valeur de l'espace.*

L'abside de Talich était entièrement recouverte de fresques puisque l'enduit est resté par places dans les montants des fenêtres, entre celles-ci et les côtés. La pierre nue apparaît entre deux plaques de plâtre aux teintes effacées.

M. : Un liseré de plâtre à l'apparence encore grandiose surmonte les trois fenêtres en arc de cercle ; des feuilles d'acanthe s'y entremêlent. Au-dessous on lit, peint en lettres capitales arrondies : Stepanos (*Etienne*). Au milieu du rinceau est déposé un socle carré bordé de perles et de gemmes, dessinant des figures géométriques sur fond de couleurs variées et délavées, allant de l'émeraude à l'ocre.

Le Christ se tient debout sur ce piédestal somptueux. Selon les dimensions présumées, qu'on peut reconstituer en se rapportant aux plis de la tunique, à la position à la taille des pieds, il devait être très grand. Des reliquats de fresques au-dessus et les proportions de ce que l'on voit, font présumer que la représentation du Seigneur atteignait le plafond voûté de l'abside. Il tenait sous son regard la foule des prêtres, des diacres des clercs et des fidèles qui se pressaient en ce lieu.

Le fond azur, avec des reflets violets, met en valeur l'ivoire du vêtement du Messie. A sa droite, l'œil est attiré par une extrémité de chaussure dépassant le bord d'une robe ; est-ce un ange, un apôtre, un saint ?

A. : A gauche ondule un parchemin qui part assurément de la main du Christ jusque vers le sol. En déchiffrant ce que l'on aperçoit, on peut reconstituer le chapitre 14, verset 21 de l'Evangile de Jean : *«Celui qui s'attache à mes commandements et qui les observe,*

celui-là m'aime, or celui qui m'aime sera aimé de mon Père et à mon tour, moi je l'aimerai et je me manifesterai à lui».
La fresque se poursuit sur les bords latéraux de l'abside. La partie nord est à peu près la seule rescapée de la destruction ; on y voit six des apôtres, les six autres étaient sûrement sur la face sud mais ils ont disparu.
Les apôtres sont placés à un niveau inférieur à Jésus-Christ. Vêtus d'une tunique sombre recouverte d'une toge, ils sont auréolés d'un nimbe plus foncé dont on ne peut dire la véritable couleur. Sur cette fresque l'artiste a représenté l'entretien suprême de Jésus avec ses apôtres avant la trahison de Judas, la Crucifixion et la Résurrection. En partant du fond, le haut du premier et le visage du second ont disparu. Le troisième porte une barbe relativement longue. Deux sont imberbes. Un autre a une courte barbe. Ils sont de face, tenant chacun les Saintes-Ecritures. Hormis le plus externe qui se tient de profil, sa main droite dressée et sa bouche entr'ouverte signifient qu'il parle ; s'agit-il de saint Jude-Thaddée, l'un des deux apôtres de l'Arménie, qui dit :
«*Seigneur comment se fait-il que tu aies à te manifester à nous et non pas au monde ?*» (*Jean, 14, 22*).

M. : Si nous avons choisi d'évoquer cette fresque si mal conservée de Talich, c'est qu'il faut noter, dans sa composition, une particularité de conception et une originalité rarissime dans l'iconographie chrétienne. C'est sans doute la première fois que le Christ est représenté debout dans une abside. Dans la plupart des églises du monde entier on le voit plutôt siéger en majesté sur un trône.
Le deuxième point concerne la représentation des apôtres entourant le Seigneur dans une abside ; ce qui est encore plus rare. Nous terminerons cette émission par un fait qui apporte un argument supplémentaire au rôle de précurseurs et d'initiateurs que les artistes arméniens ont joué dans l'art ecclésial occidental.

A. : Nos auditeurs se souviennent de la description que nous avons faite, de la basilique de Tékor dans notre seconde émission sur l'art sacré arménien. Edifiée, elle aussi, comme les églises de Talinn et celle de Talich, dans le fief des Kamsarakan, - mais au V° siècle cette fois -, elle est le premier exemple au monde d'une église coiffée d'un dôme. On sait qu'elle demeura intacte jusqu'en 1911.

Située près d'Ani, la capitale du royaume arménien des Bagratides, elle fut abandonnée à elle-même au lendemain du génocide de 1915. Il n'y avait plus de prêtre pour y célébrer le service divin, plus de fidèle pour l'entretenir. La foi et l'amour des Arméniens lui avaient permis de résister aux outrages du temps pendant quinze siècles, elle fut ruinée en quelques décennies.
Il est regrettable qu'il n'y ait pas eu, chez les Turcs, un architecte, un archéologue, un artiste qui ait pu prendre la mesure de ce patrimoine capable d'attirer les savants et les touristes du monde entier. Il n'est pas besoin d'être chrétien pour admirer une œuvre d'art.

M. : Le visiteur n'aura plus la possibilité d'admirer les décorations intérieures comme l'architecte-archéologue autrichien Strzygowski. Il eut la chance de voir la cathédrale encore debout. Il y découvrit, dans l'abside, une fresque représentant l'Arche d'Alliance, environnée d'anges. Son étonnement fut grand de retrouver une mosaïque quasi-identique en l'église de Germigny-des-Prés à proximité d'Orléans, en France.
Or Germigny-des-Prés, comme San-Miguel de Lino, en Espagne, furent construites, au IX° siècle, par l'architecte arménien de Charlemagne. Elles copiaient le plan d'Edchmiadzin. Il se peut que cet architecte ait été membre de la délégation envoyée par Haroun al-Rachid à l'empereur d'Occident.

TAPIS ET TENTURES

(*huitième émission*)

Maryse : Une fois encore nous invitons nos auditeurs à nous accompagner pour admirer des productions originales mais cachées, parfois oubliées. Si on parle d'un sanctuaire, il faut essayer de le représenter vivant, avec tous ses ornements, même s'ils ont été ajoutés ou remaniés à des dates différentes.
Nous avons décrit quelques églises ; il nous paraissait capital d'en établir l'antériorité ainsi que le rôle pédagogique attribué à l'architecture religieuse arménienne. Il reste encore des milliers d'églises, de monastères, d'ermitages à découvrir.

Albert : La nudité des intérieurs, telle que nous la voyons aujourd'hui, n'était pas de mise à l'époque où les églises servaient au culte divin ; les pierres se recouvraient de mosaïques, se paraient de fresques ou se revêtaient de tapis et de tentures.
Des mosaïques, il ne reste que des bribes. Des fresques, il ne subsiste que des fragments. Quant aux tissus, rideaux, tentures et tapis, il faut se référer aux descriptions des historiens au sujet de ces étoffes, dont la majorité n'a pas résisté aux divers outrages.
Pour la plupart des gens, le *tapis persan* est le tapis oriental, ou l'inverse. Ignaz Schlosser écrit, en 1962, dans son ouvrage : «*Tapis d'Orient et d'Occident*» :
«*Même au début du XIX° siècle, on parlait encore des tapis d'Orient sous le terme général de "tapis turcs" comme on ne parla plus tard que de "tapis persans"*».
Les commerçants allemands, américains et anglais privilégièrent la dénomination *tapis persan* plutôt que *turc*, afin, dit Gantzhorn, de : «*... pouvoir augmenter la vente en qualifiant les tapis de persans étant donné que dans le climat idéologique de l'époque, on considérait les Perses capables de plus grandes performances culturelles que, par exemple, les Turcs*».
Personne, même les spécialistes, ne soupçonna ou, plutôt, ne s'inquiéta de rechercher la véritable origine du tapis. Jusqu'à ces dernières années, où des auteurs scrupuleux identifièrent les racines chrétiennes, - arménienne et grecque -, des tapis d'Orient.
Nous allons étayer nos affirmations sur des travaux européens et impartiaux. Pour commencer l'archéologie vient à notre secours.

M. : Entre 1927 et 1949, des campagnes de fouilles eurent lieu dans les monts de l'Altaï, dans le sud de la Sibérie, près de la Mongolie extérieure ; c'était à Pazyryk. On s'intéressa à cinq kourganes sous tumuli. Un tumulus est un amas de terre ou de pierres recouvrant une sépulture ; celle-ci se dit kourgane en Sibérie. Ces tombeaux furent datés des V°-IV° siècle avant J.-C. ; ils avaient été emplis d'eau transformée en glace, congelant le tout pour des millénaires. On y découvrit des corps embaumés en couples, entourés de leurs biens, meubles, armes, bijoux... d'origines chinoise, perse, scythe, ourartéenne, mongole, ou autres. Les chevaux, sacrifiés et ensevelis à proximité, permirent d'identifier des chefs de tribus nomades enterrés avec les produits de leurs pillages.
Ce qui nous retiendra aujourd'hui c'est la découverte, par Rudenko, dans le tumulus n° 5, d'un tapis assez bien conservé, sans doute le plus ancien connu à ce jour puisqu'il a été daté des V°-IV° siècle avant J.-C. ; tous les chercheurs en situent l'origine dans le sud du Caucase. On le baptisa *tapis Pazyryk*. On peut l'admirer au musée de l'Ermitage à Saint-Petersbourg.

A. : C'est un tapis de laine à poils courts, ce qui le place dans le haut de gamme ; il mesure 2m. de long sur 1,83m. de large, - rappelons qu'il est âgé d'au moins 2.500 ans -, et provient d'un atelier au faîte de son expérience. La densité des nœuds n'a d'exemple que dans les tapis perfectionnés ; on compte, en effet, 3.600 nœuds par dm^2, disposés symétriquement. Les dessins rappellent tous les symboles utilisés par les Arméniens dans leurs décorations jusqu'à nos jours. En 1982, Ülrich Schürmann estima que le *tapis Pazyryk* fut fabriqué à Saki, sur le lac d'Ourmia. Saki était une des villes du royaume pré-arménien d'Ourartou. Il fut en proie, à partir du VI° siècle avant J.-C., aux attaques des Mèdes, Perses, Cimmériens, Phrygiens et Scythes. Ces derniers s'emparèrent du sud du pays (*région du lac d'Ourmia*) et firent de Saki leur capitale.
Se fondant sur la texture, la perfection du travail, des thèmes et des personnages reproduits, Schürmann avance que le *tapis Pazyryk* fut tissé par des artisans proto-arméniens.

M. : Sur fond rouge, un rectangle, subdivisé en carrés, occupe le centre. Chacun de ceux-ci contient une croix à quatre branches égales évasées vers les extrémités. De chacun des angles de ces

croix part un rayon. On a qualifié ce symbole : *croix de lumière*. On le découvre, pratiquement identique en Allemagne, au X° siècle, dans la Bible de saint Castor à Coblence.
En Ourartou, bien avant l'ère chrétienne, les meubles et les trônes, la plupart des sculptures étaient gravés de cette croix. Ceci explique la facilité avec laquelle les Arméniens chrétiens adoptèrent la croix. Cette croix de l'Ourartou se retrouve dans les croix pattées d'Ani et d'Edchmiadzin.
Chez les Romains la croix était inconnue. Constantin avait adopté le chrisme. Ce n'est que sous Justinien 1° (*527-565*) que la croix fut adoptée par Byzance et Rome[16].

A. : Revenons au *tapis Pazyryk*. Ses bordures semblent dessiner une image de protection des vivants et des morts. Les motifs du champ intérieur rectangulaire, que Maryse vient de décrire, subdivisé en carrés, englobent les croix de lumière. Ce sont les mêmes que sur les frises et les tentures phrygiennes. Les autres représentations symboliques, les pieux, les tables, les griffons, les rosettes figurant le soleil, sont toutes ourartéennes. V. Gantzhorn écrit à ce sujet : «*S'il est correct de dire que les Arméniens sont un peuple ourarto-phrygien, les personnes représentées peuvent être des Arméniens phrygiens, la coiffure étant typique pour ce peuple. Le tumulus de Pazyryk pourrait être non pas scythe mais arméno-phrygien...*». Ces personnages sont représentés sur le tapis entre deux bordures. Ils portent toutes sortes de marques de l'Ourartou. Coiffés d'un bonnet phrygien, ils cheminent près d'un cheval en lui tenant les rênes.
A Persépolis, sur l'escalier du côté-est de l'Apadana, on remarque une sculpture, du V° siècle avant J.-C., décrivant l'arrivée de la délégation arménienne en Perse. Un dignitaire marche devant un cheval, dont les guides sont tenus par un autre personnage près de l'animal. Ils sont suivis par un troisième tenant une vasque et des présents offerts au roi des rois. Ils sont barbus. Leurs cheveux sont coiffés d'un bonnet phrygien. Ils sont vêtus d'une sorte de redingote ceinturée à la taille. Leurs pantalons droits tiennent avec des chevillères. Ils sont copie conforme des hommes du *tapis Pazyryk*.

[16] Au concile de Constantinople de 553, Justinien, pour complaire aux Arméniens et les amener à accepter les édits de Chalcédoine, fit adopter la croix aux Eglises byzantine et romaine.

Le cheval figure souvent dans les représentations de l'Ourartou et de l'Arménie. Les Hourrites, ancêtres des Ourartéens et des Arméniens, introduisirent le cheval en Mésopotamie, dans le Caucase et en Anatolie, au XVIII° siècle avant J.-C.

M. : Reprenons la description de ce tapis, si riche que les mots donnent difficilement une idée de sa splendeur. Autour du champ central, on voit une file de cervidés qui broutent. La forme des bois, les corps tachetés de clair, les encolures et les dos marqués d'une alternance de points sombres et blancs nous font reconnaître des daims. Chacun d'eux porte sur l'épaule et l'omoplate une marque caractéristique. On retrouve la même tache, aux proportions identiques, et au même endroit sur un daim d'une stèle en Ourartou ; sauf que l'animal de cette sculpture est tête dressée et porte un dieu. «*Il faut donc considérer le "tapis Pazyryk" comme un des premiers témoins primitifs arméniens et on peut localiser le lieu de sa fabrication dans le Sud-Ouest du Caucase, peut-être dans les environs de l'ancien centre textile d'Aschtischat*» (*V. Gantzhorn*). Il est chronologiquement, scientifiquement et historiquement prouvé que le premier tapis connu au monde a été créé par les Arméniens ; lesquels possédaient, il y a déjà 25 siècles, la technique et la technologie des tissus de laine à points noués.

A. : Les Phrygiens, qui se mêlèrent aux Ourartéens, après avoir conquis l'Arménie, sont d'origine hellénique. Les Grecs apprirent donc les premiers cette invention ourarto-arménienne. Ces deux peuples sont les promoteurs de ce qu'on a appelé, à tort, tapis turc ou tapis persan. Marco-Polo, passant par là, au XIII° siècle, écrit : «*La population de Turcomanie se compose de trois classes. Les Turcomans qui vénèrent Mahomet et suivent ses lois, sont un peuple barbare et inculte. Ils vivent dans les montagnes... Les autres classes de Turcomanie sont des Grecs et des Arméniens qui vivent dans des villes et dans des places fortifiées. Ils vivent du commerce et de l'artisanat. On y tisse les meilleurs et les plus beaux tapis ainsi que des tissus de soie cramoisis et autres couleurs exquises. Les villes les plus importantes sont Kogni (Konia), Kaisariah (Césarée) et Savasta (Sébaste ou Sivas), la* *ville où saint Blaise17 reçut sa glorieuse couronne de martyr*» (*d'après la traduction de Hans Eckart Rübesamen*).

M. : Marco-Polo traversa les territoires grecs et arméniens envahis par les Turcs, ainsi que les régions où les Arméniens résistaient à l'agresseur seldjoukide. Ces contrées se situaient sur la route de la soie. L'Arménie était à la croisée des chemins, aussi bien ceux des hordes turcomanes que ceux des commerçants. Elle servait de plaque tournante au négoce entre Orient et Occident. Plusieurs auteurs du Moyen-Age et de la Renaissance avancent que les plus belles tentures, les tapis de grande facture, les étoffes de luxe, les soieries chatoyantes étaient produits par les Arméniens.
Tentures et tapis exaltaient l'harmonieuse disposition architecturale des cathédrales et des monastères. Les brocarts, les velours de laine ou de soie, les lourds tissus brochés d'or sous forme de chapes, étoles, chasubles, manipules, ceintures recouvraient les fines aubes de dentelle des évêques et des prêtres.
Les auteurs arabes nous apprennent que les Arméniens étaient les meilleurs créateurs de pièces de soie et de velours servant à couvrir les meubles, à envelopper les objets, à tapisser les murs, à faire des couvre-lits et des couvertures à deux ou plusieurs couleurs ; la plupart du temps finement brodés.

A. : Les Arabes conquirent l'Arménie, avec beaucoup de difficultés, au VII° siècle. Ils ne cherchèrent pas à la soumettre ou ne le purent pas. Ils se montrèrent tolérants et libéraux. Ils avaient besoin de la prestigieuse cavalerie arménienne pour soumettre les musulmans turbulents d'Atropatène (*Azerbaïdjan iranien actuel*).
Sous domination arabe, l'Arménie vécut librement sa foi chrétienne. Les califes de Bagdad se contentaient de tributs en or, chevaux et en nature. Les tapis faisaient partie de cet impôt.
L'historien berbère du XIV° siècle, Ibn Khaldoun, écrit que les Arméniens étaient seuls capables de fabriquer des tapis à point noués dès le VI° siècle.
Au VII° siècle les Arabes donnèrent aux tapis à points noués le nom *d'Armani mahfúr*. L'historien arabe Ahmed ibn abd al-Hamid, de la

---

[17] Saint Blaise, était l'évêque arménien de Sébaste ; il fut martyrisé au IV° siècle par les légions de l'empereur romain Licinius Licinianus. Sébaste, l'actuelle Sivas, était une ville du royaume arménien.

fin du VIII° siècle, nous donne une sorte de catalogue, le *Djirab al-Douala.* Il y est dit que l'Arménie devait procurer à Bagdad tous les ans, 20 *armani mahfûr.* Cela avait commencé sous le règne de Haroun al-Rachid. Ce calife éclairé envoya, en 807, une ambassade à Charlemagne ; par déférence envers l'empereur, il avait mis des Arméniens dans sa délégation. Ils étaient les seuls chrétiens en qui il eût confiance. L'historicité du fait s'appuie sur les écrits du moine de Saint-Gall en 885, cité par le père Alishan et Macler.

Abd-Allah Alma'mun, calife aussi brillant que son père, Haroun al-Rachid, poursuivit la même politique libérale envers l'Arménie.

Au cours des siècles le nombre des tapis fournis par les Arméniens augmenta jusqu'à trente par an, comme le note, au XI° siècle, l'historien Tha'libi. Quand un émir voulait plaire au calife, l'un des plus beaux présents qu'il pût lui faire, était de lui offrir un ou plusieurs tapis arméniens.

En 1071 les Arabes furent chassés de Jérusalem par les Turcs, dont les exactions et la cruauté allaient provoquer les Croisades. Les Turcs seldjoukides s'emparèrent de l'Azerbaïdjan, se heurtèrent aux Perses et envahirent l'Arménie, où ils détruisirent le commerce et l'industrie. Sous leur domination, Garin, en Arménie occidentale, continua à produire des tapis. Avant d'être débaptisée par les Turcs ottomans pour s'appeler Erzeroum, Garin avait déjà perdu son nom arménien pour devenir Kali-Kala sous les Seldjoukides. De là vient le mot arabe *kali* pour désigner le tapis arménien et la dénomination turque *hali* ou *khali* pour s'approprier le tapis arménien.

Des historiens peu scrupuleux, incapables de donner des preuves scientifiques pour dater les objets, ne disposant d'aucun document authentifiant leurs assertions, ont attribué ces tapis aux Turcs seldjoukides ; comme si ces peuplades vivant de rapines, de meurtres, de viols, de déprédations, dont l'existence était bâtie sur le feu, le fer et le sang, étaient capables de donner du beau à l'humanité.

Volkmar Gantzhorn, qui fait autorité en matière de tapis d'Orient, rétablit enfin la vérité. Maryse va le citer.

M. : «*L'objectif de l'auteur est non seulement de faire perdre au tapis d'Orient son nimbe fatal de tissu destiné à être posé sur le sol et sur lequel on marche et remarche - les "barbares européens" ayant été les premiers à le détruire de leurs chaussures -. Il aimerait aussi faire prendre conscience que ces* *produits textiles de chrétiens croyants sont des "icônes non figuratives", des objets de culte d'églises chrétiennes orientales et, à côté d'autres textiles, la plus grande contribution de l'art arménien à l'histoire de l'art du monde entier. Ceci devrait un peu servir de réparation à un peuple qui, au cours de son histoire de plus de 2.000 ans, a souffert plus que tout autre à cause de sa situation géographique entre l'Orient et l'Occident. Il fut divisé d'innombrables fois, exploité, volé, contraint à l'émigration, déporté, asservi, assassiné et déshonoré ; dépouillé même de son art - la paternité de ses œuvres ayant été attribuée par la suite aux envahisseurs, soit par manque de connaissance, soit par manipulation. Le patrimoine des tapis orientaux est un élément important de l'identité arménienne et il se doit d'être considéré en tant que tel*».

Parallèlement aux Arméniens, la Chine et l'Inde produisirent des tapis. On ignore encore comment, et dans quel sens, se fit la transmission. On sait, cependant, qu'il n'y eut aucune fabrication de tapis au Turkestan jusqu'au Haut-Moyen-Age. Ce sont les vagues d'émigrés arméniens, fuyant les invasions et les massacres, qui propagèrent l'art du tapis, de l'antiquité au XII° siècle, en Orient et en Occident.

A partir du V° siècle, les missionnaires arméniens apportèrent l'Evangile en Norvège, en Islande, en Inde, en Chine, dans les Iles de la Sonde. Tout en prêchant la Bonne Nouvelle, ils faisaient découvrir les bienfaits et les apports de la civilisation arménienne. Prenons un exemple, parmi tant d'autres ; en 669, l'évêque arménien de Tarse, Théodore, parvint en Irlande. Théodore apporta dans ce pays les motifs ornant les évangiles et les tentures des églises d'Arménie. Les Irlandais les copièrent pour enluminer leurs manuscrits. Nordenfalk appelle ces miniatures des *pages-tapis*. Elles ressemblent comme des sœurs aux modèles arméniens. Le type en est le *Livre de Lindisfarne*, dont Théodore bénit l'église en 690, l'année de sa mort.

A. : Suivons l'itinéraire des Arméniens émigrés sur chaque continent, de l'antiquité au XII° siècle :

* En Europe : ils sont en Grèce, Bulgarie, Roumanie, Serbie, Russie, Pologne, Norvège, Allemagne (*des traces de leur passage sont surtout présentes à Trèves*), Hollande, Italie, France, Espagne, Angleterre, Irlande. Chacune de ces destinations a son explication

historique. Nous ne donnerons qu'un exemple, se rapportant à notre sujet, l'Espagne. Les Arméniens enseignèrent aux Espagnols l'art du tapis à points noués au point qu'un véritable engouement pour le tapis arménien se fit jour dans l'aristocratie ibérique. Le fait que les Arabes, conquérants de l'Espagne, appréciaient le tapis arménien y fut, sans doute, pour beaucoup. En 1255, Eléonore de Castille débarqua à Londres avec une cargaison de ces tapis et en propagea la mode dans la noblesse anglaise.

* En Afrique : en Egypte et en Ethiopie ; les frères coptes non-chalcédoniens, comme les Arméniens, leur firent bon accueil. En Afrique du Nord, les armées byzantines, contenant de forts contingents arméniens, commandées par Bélisaire et l'Arménien Narsès, débarquèrent en Tunisie. Il y eut des mariages entre Arméniens et jeunes filles berbères.

L'Arménien Héraclius, le père du futur empereur de Constantinople Héraclius, fut gouverneur de l'Ifrikiya.

Le royaume de Tahert (*l'actuelle Tiaret, en Algérie*) fut créé, au VII° siècle, par Ibn Rostem; fondateur de la dynastie rostémide, dite d'origine perse. Or Rostem (*ou Roustan*) est un nom purement arménien, et le fameux Ibn Rostem était probablement un Arménien converti à l'Islam. Il devint d'ailleurs musulman hérétique. On pourrait multiplier de la sorte les exemples.

* En Asie : les Arméniens émigrèrent en Perse, Afghanistan, Inde, Chine, Iles de la Sonde. A Boukhara, Samarcande, Hérat, Kirman, au Bélouchistan ils enseignèrent aux autochtones l'art de nouer les tapis. On a différencié ces nœuds, principalement, en nœud turc et nœud ghiordès ; ils sont tous deux des nœuds arméniens.

RELIQUAIRES

(*neuvième émission*)

Maryse : L'étude de l'art sacré arménien et l'enrichissement qu'il a apporté au patrimoine de l'humanité s'avèrent de puissants et vastes sujets. Les Arméniens n'ont inventé ni la voûte ni le dôme ni les murs porteurs ; profitant des acquis de l'antiquité sumérienne, perse, assyrienne, grecque, syrienne ils ont réussi à faire une synthèse originale. Maîtrisant les difficultés de la construction ils ont produit des symphonies de pierre. Alors que le monde chrétien en était encore au style basilical, les architectes arméniens ont imaginé le transept. Perfectionnant l'harmonie cruciforme, ils ont inventé, au V° siècle, le style appelé à tort en *croix grecque*, alors que Byzance ne connaissait rien de pareil à l'époque ; de même qu'ils furent les premiers à surmonter l'église d'un dôme (*Tekor au V° siècle*). Les trompes, les arcs doubleaux et formerets, les voûtes tronquées, les piliers engagés ou à demi-engagés, parfois porteurs, les ogives, les faisceaux de colonnes accolées et bien d'autres prouesses architectoniques sont des techniques utilisées, pour la première fois dans la construction, dans les sanctuaires arméniens.

Albert : On sait que les mosaïques et les fresques ne sont pas, non plus, une invention arménienne. Leur rareté, due aux déprédations, ne peut exprimer leur originalité. Toutefois, dans l'exécution des œuvres ou la représentation des personnages, on découvre à nouveau un rôle de précurseur.
Pour la première fois dans l'histoire de l'Eglise on voit un Christ, revêtu d'une longue robe, debout ou assis en majesté sur son trône (*VII° siècle*). Pour la première fois encore la fresque arménienne représente le Seigneur dans sa gloire environné par les apôtres sur les parois d'une abside dès le VII° siècle.
Les tentures, les tapisseries à points noués, les enluminures, les miniatures sont toutes des inventions arméniennes. Dans de nombreux domaines les Arméniens ont été des créateurs et des précurseurs.
Mais rien ne s'invente à partir de rien. Les créateurs des miniatures du Vaspouragan ont subi, en retour, les enseignements de leurs élèves perses et arabes. Ceux d'Arméno-Cilicie, ceux de leurs disciples byzantins ou latins.

Les spécialistes et les chercheurs, à quelques rares exceptions près, mettent l'accent sur ce que les autres ont apporté à l'Arménie et placent sous le boisseau ce que les Arméniens ont donné aux autres. Peut-être parce qu'ils sont étonnés qu'un peuple tellement brimé ait pu produire tant de sublimes œuvres d'art. Un des meilleurs connaisseurs européens de l'art sacré arménien, Volkmar Gantzhorn décèle la faille chez ces auteurs peu soucieux de vérité historique : *«c'est simplement parce qu'aucun d'eux ne prend en considération l'iconographie et l'iconologie de l'art chrétien oriental et spécialement de l'art arménien, vu qu'ils ont été rédigés pour la compréhension de l'art européen»* (*note 57*).

M. : Nous n'avons pas l'intention de nous livrer à un exposé exhaustif. Nous cherchons à donner un aperçu général pour éveiller l'attention des auditeurs, et, peut-être conduire certains d'entre eux sur des voies de recherches originales.
Nous allons vous exposer, aujourd'hui, le travail des reliquaires de métal. Nous ne vous entretiendrons que de deux d'entre eux, parmi les dizaines de milliers qui ont disparu au cours des saccages des châteaux, des demeures, des cathédrales, des monastères.

A. : A Trèves se trouve la plus ancienne cathédrale d'Allemagne, la cathédrale Saint-Pierre-Sainte-Helène. Comme toute cathédrale, celle de Trèves possède un trésor dans lequel on peut remarquer une cassette d'argent granulé et doré. Elle a contenu les têtes de saint Matthieu et de sainte Hélène[18] puis celle de Lazare, l'ami de Jésus qui le ressuscita. La tradition fait de saint Lazare le premier évêque de Marseille. L'histoire nous apprend que ce reliquaire en argent doré est de fabrication arménienne, provenant de l'Arménie occidentale. Parti d'Arménie, en passant par Byzance, cet objet arriva en Europe comme un trait d'union entre Orient et Occident.
M. : Ses dimensions sont de 23 cm dans sa plus grande hauteur et 29,7 cm de large. Il date de la fin du X° siècle environ. Il est rectangulaire, coiffé d'un couvercle en forme de triangle isocèle, tronqué au sommet. Le haut et le bas sont subdivisés en deux panneaux chacun, cernés d'une bande à losanges sculptés. Les divisions du corps sont légèrement rectangulaires ; si on ne les mesurait pas elles sembleraient carrées. Deux triangles rectangles

[18] Mère de l'empereur Constantin ; elle découvrit la vraie Croix.

tronqués s'inscrivent sur le couvercle de face ; ils sont bordés par des entrelacs de tresses comme les rectangles du coffret. Aux quatre coins des rectangles et aux angles supérieurs et inférieurs des triangles, on remarque des étoiles stylisées à six branches, inscrites dans un cercle. Des motifs, en forme de croix multiples, s'entrelacent à l'infini comme une broderie à l'intérieur des circonférences.

Le cercle se rencontre fréquemment dan l'iconographie arménienne ; on le retrouve dans les motifs des tapis, des tentures et dans presque tous les *khatchkars*[19]. Le cercle, n'ayant ni commencement ni fin, est une image de l'infini, de l'éternité.

Le fond granulé, en forme de rosettes, tout autour des cercles, est gravé de croix entrelacées. Le reliquaire se tient sur des pieds d'animaux ; il est verrouillé par un impressionnant et élégant fermoir dont la poignée représente un lion assis de profil.

A. : Voyons comment ce reliquaire a abouti à la cathédrale de Trèves.

Nous sommes en 936 à Aix-la-Chapelle, Othon 1° est consacré roi de Germanie. A l'est les Turcs sont en pleine expansion et menacent l'Europe. Othon doit s'appuyer sur l'Eglise latine. Celle-ci est, à l'époque gouvernée par Jean XII (*956-964*), devenu pape de Rome entre seize et dix-huit ans, «*cet adolescent est peut-être le plus mauvais de tous les pontifes*» (*F. Hayward*).

Sa vie scandaleuse suscitant des hostilités il appelle Othon à son secours. Celui-ci en profite pour se faire couronner, par Jean XII, empereur comme Charlemagne (*962*). Le Saint-Empire-Romain-Germanique est fondé, - qui durera jusqu'en 1805 -, et avec lequel le royaume d'Arméno-Cilicie aura d'étroites relations au XII° siècle.

Othon 1°, après avoir mis le siège devant Rome, fera réunir un concile en 963 qui déposera Jean XII. A cause de la dépravation de Jean XII, Othon prenait sous sa tutelle la papauté romaine. Dès Théodose 1° (*379-395*), les empereurs de Constantinople avaient déjà imposé la leur aux patriarches de Constantinople, pour des

[19] Ce mot se décompose en *khatch* qui signifie croix et *kar* ou *gar* qui veut dire pierre en arménien, en ligure et en basque. Les khatchkars, parsemant le sol de l'Arménie, sont des stèles, tantôt funéraires, tantôt signes de victoires ou de commémorations.

raisons politiques. Le nouvel empereur d'Occident chercha à se faire reconnaître comme tel par son homologue d'Orient[20].
A cette époque, à Byzance, régnait la *dynastie dite macédonienne*. Elle se débattait dans des difficultés de succession et n'aurait pas eu les moyens de s'opposer à la puissance germanique. En réalité la *dynastie macédonienne* était *arménienne*, comme le prouvent, à l'unanimité, tous les byzantinistes anciens et modernes. Elle fut fondée, en 813, par Léon V l'Arménien[21].
Quand Othon 1° se fit couronner empereur en 962, Romain II l'Arménien régnait à Byzance. Il avait épousé la fille d'un cabaretier, prénommée Théophano. Elle l'empoisonna en 963 pour épouser Nicéphore *Phocas*, le général arménien qui commandait en chef l'armée byzantine d'Orient. Théophano fit couronner Nicéphore empereur. Entre-temps l'inconstante Théophano avait pris pour amant Jean Tzimiscès, le beau-frère de son premier mari, Romain II. Tzimiscès estimait que le trône lui revenait de droit. Théophano le poussa à assassiner Nicéphore II *Phocas* ; ce qui fut fait en 969. Devenu l'empereur Jean 1° de Constantinople, Tzimiscès exila sa dangereuse maîtresse. Tzimiscès était lui aussi arménien, né en Arménie à Hiérapolis (*aujourd'hui Membid*), voisine d'Edesse (*Ourfa*).
Quand Othon 1° décida de faire reconnaître son titre par le basileus, il s'adressa à Nicéphore II, monté sur le trône en 963. Usurpateur, celui-ci tenait à être accepté en tant qu'empereur par le monde occidental. La reconnaissance fut sans doute mutuelle. La question se posa de nouveau, dans les mêmes termes, quand Jean Tzimiscès accéda au pouvoir. Celui-ci donna sa nièce en mariage au fils d'Othon 1°, le futur Othon II. Le jeu des alliances matrimoniales a toujours été une pratique des dynasties pour établir de bonnes relations diplomatiques.
La nièce de Jean Tzimiscès était, bien sûr arménienne, et s'appelait, elle aussi, Théophano. Tout porte à croire que le reliquaire d'argent de la cathédrale de Trèves faisait partie de la dot de l'impératrice

---

[20] Ce sera, d'ailleurs, la même politique qui conduira l'empereur Frédéric Barberousse, au XII° siècle, à faire du prince Léon II d'Arménie son feudataire pour créer un Saint-Empire d'Orient. Malheureusement, noyé dans le Seleph le jour de Pentecôte, Frédéric Barberousse ne pourra pas concrétiser son rêve, et l'Arméno-Cilicie perdra son existence.

[21] Dès le VI° siècle, et jusqu'au XI° siècle, la plupart des empereurs de Constantinople furent des Arméniens.

d'Allemagne. Elle se révéla femme de caractère et exerça la régence d'une main ferme au profit de son fils Othon III, qui succéda à son père à l'âge de trois ans.

M. : Voilà comment ce chef-d'œuvre d'orfèvrerie aboutit en Allemagne, et nous a conduits à entremêler notre description artistique de faits historiques.
Chaque objet a une histoire propre, d'autant plus intéressante, et, peut-être, plus compliquée qu'il est ancien. Le décrire en le sortant de son contexte événementiel serait le dénaturer et lui ôter sa signification concrète et symbolique à la fois.
Depuis la plus haute antiquité l'Arménie fut un des centres les plus importants dans la métallurgie et le travail des métaux en Asie Mineure et en Transcaucasie. Il y a 6.000 ans, alors que l'Occident était à l'âge de pierre, les ancêtres des Arméniens savaient déjà faire de l'acier ; dans les années 1960 on a découvert dans les fouilles de Medzamor, en république d'Arménie, une pince à brucelles de plus de quatre mille ans en parfait état de conservation en tout point identique à celles que fabriquent nos usines modernes. Le fer avec lequel furent forgées les armes des Hittites quand ils s'attaquèrent aux pharaons était produit par les forges arméniennes. Le travail du fer, du cuivre, du bronze, de l'acier, de l'argent, de l'or n'avait plus de secrets pour l'artisan arménien.

A. : Nous allons décrire un deuxième reliquaire dont la finesse, la grâce et la maîtrise du ciseleur en font un exemple unique d'orfèvrerie. Il fut exécuté en 1300, sur commande du prince Eachi Prochian ou Prochiantz pour servir de reliquaire à un fragment de la vraie croix. Il fut longtemps conservé dans le couvent Saint-Signe de Khotageratz. Il fait aujourd'hui partie du trésor d'Edchmiadzin. En 1300 l'Arménie était en butte aux attaques et aux invasions touraniennes. Elles s'étaient intensifiées depuis le XI° siècle, époque à laquelle les royaumes des Bagratouni (*capitale Ani*) et des Ardzrouni (*capitale Van*) s'étaient écroulés à cause de l'impéritie et des traîtrises byzantines ; ce qui avait conduit les peuple à émigrer dans les pays chrétiens ou en Cilicie. Le haut-pays, dépeuplé, baignant dans le sang de ses enfants, perdait, peu à peu, toute sa belle civilisation. Turcs et Mongols s'affrontaient sur les terres arméniennes. En Cilicie, un royaume arménien tenait tête aux assauts des Turcs. Le Karabagh restait libre ; il parviendra à maintenir son indépendance jusqu'au XVIII° siècle. Ayrarat et Siounie résistaient sous la conduite des familles Zakarian (*ou Zakariantz*) et Prochiantz. Les premiers réussirent même à reprendre, pour un temps, Ani aux Seldjoukides.

C'est dans ce contexte que fut créé le reliquaire d'Edchmiadzin.

M. : Il est rectangulaire, en métal précieux, encadréd'une sculpture en forme de cordonnet. Tout en haut, au milieu de la bordure, le Christ trône en majesté sur les quatre figures empruntées à l'Apocalypse, symbolisant les évangélistes :

¤ le jeune homme, attribué à saint Matthieu,
¤ le lion de saint Marc,
¤ le taureau de saint Luc,
¤ l'aigle de saint Jean.

Dans sa main gauche Jésus tient un parchemin portant ces mots : «*Je suis la Lumière du monde*».

Sa main droite garde une attitude de bénédiction.

Aux angles, deux anges, minces et gracieux, s'inclinent de part et d'autre du Seigneur. Ils tiennent un flabellum. Leurs visages auréolés sont de face, paupières baissées. Leurs cheveux ondulent au vent. L'élégant drapé de leur robe descend vers deux petits pieds chaussés de mules ne touchant pas terre. L'une de leurs ailes suit la ligne horizontale du haut. L'autre pointe obliquement vers la bordure verticale externe. Ils se penchent sur l'ogive du linteau surmontant les battants fermés.

Le linteau et les rebords du volets sont ciselés de volutes imitant des branchages et des feuilles. On remarque deux gonds de chaque côté, bordés de torsades et gravés de figures géométriques comme des fermoirs de chapes épiscopales. Entre le gond du haut et celui du bas, à droite, l'artiste a placé la Vierge Marie. Entre les gonds de gauche, il a mis saint Jean l'Evangéliste. Ils sont de face, leurs auréoles magnifiées par de fines ciselures. Le visage de la Mère de Dieu est très beau et très pur. Ses deux mains sont paumes ouvertes, dressées vers le haut. Les pointes de ses élégantes chaussures pointent dans les plis tombant, avec grâce, de sa robe. Saint Jean tient l'Evangile dans la main gauche, la main droite en signe de bénédiction. Il est nu-pieds.

Ils illustrent les mots du Seigneur Jésus-Christ sur la croix : «*Femme voici ton fils, fils voici ta mère*».

En bas, aux deux angles, on reconnaît les apôtres barbus, Pierre et Paul. Ils paraissent bénir un petit personnage, au milieu de la bordure, portant une coiffure princière, à la barbe moins fournie que celle des apôtres. Ses mains élevées en prière. Son buste, revêtu d'une cuirasse ouvragée, est ceint d'un baudrier. Nous l'avons reconnu, c'est le mécène, le prince Eachi Prochiantz. Des inscriptions nous situent les personnages.

Les faces externes des volets sont occupées par deux autres saints, de plus grande taille. A droite, saint Grégoire l'Illuminateur, à la barbe fournie, dans ses vêtements sacerdotaux, tient un livre gravé d'une croix dans la main gauche. A gauche, hirsute, pieds nus, habillé d'une simple tunique, se tient Saint-Jean-Baptiste-le Précurseur. Tous deux nous bénissent de leurs mains droites.

Le fond des panneaux est finement sculpté de spirales enrobant des feuilles. On retrouve ces motifs dans la plupart des miniatures, enluminures, tapis et tentures.

Ouvrons, maintenant, les volets, comme ceux d'un triptyque. On est saisi d'émerveillement. Une magnifique croix pattée occupe l'intérieur du reliquaire. La même torsade qui contourne le rebord externe, l'entoure à la manière d'un collier ; ici elle est double. Aux extrémités de la croix, la tresse s'élargit. Des pierres précieuses de toutes tailles et de couleurs variées, sont serties entre des cercles qui s'inscrivent dans d'autres anneaux ; les plus grosses sont entourées de perles. Malheureusement une bonne partie des gemmes a disparu. Au centre de la croix, une pierre blanche, plus volumineuse que les autres, cernée de perles fines, a été installée là pour contenir, sans doute, le fragment de la vraie croix.

Le fond du reliquaire est artistement gravé de rinceaux de feuilles et de branches en spirales. Ciselées dans le même style que les palmettes, se confondant avec elles, deux gracieuses biches pelotonnées face à face attirent le regard. Elles sont là pour rappeler le psaume 42, 2-3 :

«*Comme une biche soupire après des courants d'eau,*
Ainsi mon âme soupire après toi, ô Dieu !
Mon âme a soif de Dieu, du Dieu vivant :
Quand irais-je et paraîtrai-je devant la face de Dieu ?»

Les parties internes des volets qui s'ajustent, en hauteur, à l'ogive du linteau, sont ciselées de dessins géométriques.

Le panneau de droite nous montre l'archange Gabriel, et celui de gauche l'archange Michel. Ils sont de trois-quarts face, leurs têtes

auréolées sont penchées vers l'intérieur. L'une de leurs ailes s'insère, vers la partie supérieure, dans la pointe du volet ; l'autre, recouvrant l'épaule interne, descend le long du panneau. Ils tiennent chacun un flabellum dans leurs mains. Leurs robes tombent, en plis bien agencés, sur des extrémités de pied de profil. La finesse des traits des visages et des vêtements, des poses délicates et distinguées confinent à la grâce divine.
Les personnages, surtout les anges, sont minces, élancés, aériens, admirablement proportionnés. Les fonds sont occupés par des inscriptions en onciales et des motifs raffinés.
Une impression de légèreté, de mouvement charmant et délicat se dégage du reliquaire d'Edchmiadzin. Les figures ne sont pas figées dans une attitude conventionnelle. On a l'impression que la Vierge et les saints vont nous parler ; qu'anges et archanges vont s'envoler pour célébrer la gloire du Seigneur.

A. : Tout en observant scrupuleusement le contexte religieux, l'artiste a su garder une entière indépendance dans l'exécution de son œuvre.
Il y a encore tellement d'autres pièces d'orfèvrerie tout aussi belles. On peut imaginer, en voyant ce qui a pu être sauvé, la quantité d'objets d'art disparue dans les tourmentes.

L'EGLISE SAINTE-HRIPSSIMEH

(*dixième émission*)

Maryse : Je me souviens d'un voyage en Arménie, où nous nous trouvions tous deux. C'était à l'occasion du vingtième anniversaire de l'accession au patriarcat suprême de Vazken 1°.

C'était en septembre 1975. Il faisait encore très chaud dans ce pays soumis aux rigueurs du climat continental. Nous avions quitté Moscou, où les frimas commençaient à s'annoncer.

Cette année-là le jubilé du catholicos coïncidait avec la bénédiction du Saint-Chrême. Nous avions l'honneur d'être parmi les invités de feu Vazken 1°.

La bénédiction du Saint-Chrême se fait tous les sept ans dans l'Eglise arménienne. La tradition nous enseigne que l'huile sainte bénie par Jésus-Christ fut apportée en Arménie par les apôtres Thaddée et Barthélémy.

Albert : Le patriarche suprême et catholicos de tous les Arméniens, entouré des patriarches arméniens de Jérusalem et de Constantinople, du représentant du catholicos de la Grande Maison de Cilicie, du collège de ses évêques, s'avançait solennellement. Tous avaient revêtu leurs somptueuses tenues sacerdotales.

Ils étaient accompagnés par le patriarche de l'Eglise indienne du Malabar, les patriarches russe, grec, géorgien, les cardinaux envoyés par Rome, l'archevêque de Cantorbéry, les délégués des Eglises Réformées et du Conseil Œcuménique des Eglises de Genève, les vice-patriarches grec et latin de Jérusalem.

Cette grandiose procession, fendant la foule, marchait vers le parvis de la première basilique de la chrétienté, où se remarquait un grand chaudron de métal précieux, délicatement gravé de scènes symboliques. Il contenait de l'huile d'olive, de l'huile de laurier, du baume et quarante essences de plantes et de gommes odoriférantes.

M. : Avec les prières d'usage, accompagnées par les vénérables et splendides chants liturgiques, le chef de l'Eglise arménienne apostolique universelle et orthodoxe, mélangea cette composition en

y plongeant le bras droit de saint Grégoire l'Illuminateur, enchâssé dans un métal précieux[22].
Remuant le liquide, le patriarche y ajouta un litre du saint-Chrême de l'année précédente, comme cela se fait tous les sept ans depuis la prédication apostolique, de sorte qu'il contient toujours de l'huile bénie par le Seigneur.
C'était une belle et émouvante cérémonie, à laquelle il fallait avoir assisté une fois dans sa vie.
La ferveur de la foule était impressionnante. Il y avait là plusieurs centaines de milliers de fidèles, accourus pour assister avec dévotion à cette liturgie et fêter *Vazken*, comme ils appelaient affectueusement, entre eux, le catholicos. Ceux d'Erévan, ceux des provinces limitrophes du Chirac et du Vanand, tombées aux mains des Turcs, ceux de l'Ararat, ceux du Zanguézour, ceux de Siounie, ceux du Karabagh, étaient venus dès les lueurs de l'aube, et, même, la veille pour camper aux abords de la vénérable cathédrale. On ne comptait plus les syncopes dans cette densité ; mais quel silence au moment où le catholicos prononça les paroles sacramentelles.
Nous, les invités, citoyens de prospères contrées d'Europe, d'Amérique du Nord et du Sud, d'Australie, d'Afrique, d'Asie, nous étions installés sur une estrade surélevée afin de mieux suivre le rituel. Bien que serrés, nous aussi, sur notre plate-forme, nous nous sentions gênés, parce que privilégiés.
Située au-dessous de nous, cette foule nous dominait par sa foi.
Le lendemain, nous assistâmes aux discours et conférences donnés dans l'imposante salle de réception du catholicossat ; puis le minibus nous reconduisit à Erévan.
De loin, dans la plaine, nous apercevions une imposante silhouette. Au fur et à mesure que nous nous en approchions se précisait une majestueuse symphonie de pierre. C'était à vingt km de la capitale ; nous décidâmes de visiter ce monument. Le livre et l'image nous avaient appris le nom de l'église mais Sainte-Hripssimeh nous paraissait plus belle encore dans sa splendide réalité.

A. : Il y a plus de vingt-huit siècles Erévan se dénommait Erébouni, une des capitales du royaume d'Ourartou.

---

[22] Saint Grégoire est le patron de Naples avec saint Janvier. S.S. le pape de Rome Jean-Paul II a rendu à S.S. le catholicos de tous les Arméniens Karékine II, en 2000, les reliques de saint Grégoire l'Illuminateur se trouvant en la possession de l'Eglise latine.

Nous ne reprendrons pas la genèse de la formation de l'Arménie, l'ayant déjà fait au début du présent ouvrage.
Les Assyriens avaient baptisé ces contrées : Ourouatri (*région de montagnes*). L'Ourartou s'étendait sur environ 200.000 Km². Sa capitale s'appelait Touchpa (*Van*).
Au VI° siècle avant J.-C. apparut le terme Arménie (*Arménoï, gravé sur les rochers de Béhistoun par Darius*).
La capitale changea souvent d'endroit : de Van à Erévan, en passant par Erez (*Erzindjan*), Garin (*Erzeroum*), Vagharchapat, Dvin.
Dans la région de Vagharchapat fut érigée la basilique d'Edchmiadzin, dont les plans furent tracés sur le sol par le Christ (*vision de saint Grégoire l'Illuminateur*), comme nous l'avons mentionné dans de précédentes émissions.
Le site ne fut pas choisi au hasard. Edchmiadzin est au centre d'une plaine comme au cœur d'un cercle. L'un des rayons du cercle rejoint Erévan. Au milieu de ce rayon s'élève l'église Sainte-Hripssimeh.

M. : Sainte Hripssimeh fut l'une des moniales qui, fuyant les persécutions de Dioclétien, s'étaient réfugiées en Arménie, à la fin du III° siècle sous la conduite de leur abbesse sainte Gayaneh.
La grande beauté de la jeune fille avait subjugué Tiridate III, comme elle avait séduit, dit-on, l'empereur Dioclétien. Devant sa résistance, le roi d'Arménie, encore païen, avait fait torturer et mettre à mort Hripssimeh et ses trente-six compagnes.
Après sa conversion par son cousin saint Grégoire l'Illuminateur, Tiridate III fit construire, en signe d'expiation, des sanctuaires sur les lieux des martyres. Fort dégradées par le temps, ces églises furent reconstruites.
Nous avons déjà parlé de Sainte-Gayaneh, décrivons aujourd'hui Sainte-Hripssimeh.

A. : En 395, le catholicos saint Sahac 1° (*387-439*), *arrière-arrière*-arrière petit-fils de saint Grégoire l'Illuminateur, fit réédifier une chapelle à l'emplacement de l'église Sainte-Hripssimeh en ruine.
En 615, celle-ci se trouvait de nouveau fort endommagée, au moment de l'élection du catholicos Gomidas 1° (*615-628*) d'Aghtziq. Celui-ci préféra faire élever une nouvelle église en ce même lieu. Ce fut fait en 618.

Derrière l'autel, sur la paroi de l'abside, est gravée la date du début des travaux. Une seconde inscription, à l'extérieur, sur le mur-ouest, confirme l'année. L'harmonie des proportions du sanctuaire en fait un chef-d'œuvre.
Quelques marches conduisent vers une esplanade surmontée d'un socle de pierre correspondant à la partie supérieure des fondations, très profondément ancrées ; il supporte l'édifice.
On est frappé par l'homogénéité des dimensions. De taille relativement réduite, cette église réussit à prendre un aspect monumental. Monumental mais pas massif.
De quelque côté qu'on puisse se placer on ne décèle aucune faute de goût. Pourtant, avec ses angles droits et ses formes géométriques, à la netteté mathématique, il pourrait prendre un air sévère et hautain. Il paraît, au contraire, accueillant et apaisant.
Le génie architectonique lui confère ce rythme pratiquement parfait. Une autre difficulté, résolue à son tour, est l'importance du tambour central qui, selon toute logique, devrait écraser l'ensemble ; au lieu de cela il parvient à rendre la construction plus aérienne.
De l'église, s'élançant vers le ciel, se dégage une impression de sveltesse.

M. : Nos auditeurs savent que Sainte-Hripssimeh est une variante de la cathédrale d'Avan, dont nous les avons entretenus dans notre troisième émission.
Comme Avan, Sainte-Hripssimeh est bâtie sur un plan rayonnant. Comme Avan, le plan carré s'inscrit dans un rectangle. Mais à Sainte-Hripssimeh les murs externes du rectangle forment des lignes brisées ; chaque partie saillante est un trapèze isocèle englobant une abside circulaire.
La pierre de tuf change de couleur selon les heures du jour et au gré des saisons, passant du rose à l'orangé avec des nuances de gris ou de marron, adoucies et mêlées comme sur la palette d'un peintre, sur un fond de ciel d'azur le plus pur.
Non content de donner à sa création les proportions voulues, usant de connaissances géométriques précises, détenteur de secrets que nous n'arriverons, peut-être, jamais à percer entièrement, l'architecte, en véritable artiste, a su jouer des contrastes de teintes et à insérer sa construction dans l'environnement. A un point tel que si l'église disparaissait, le paysage perdrait de sa beauté, comme un écrin dépourvu de sa gemme.

A. : Après avoir admiré les proportions extérieures, nous passâmes sous un narthex, rajouté dans les siècles suivants, s'insérant harmonieusement dans l'ensemble. Nous nous attendions à tâtonner à l'intérieur d'une nef sans lumière électrique. Dans cet espace, à l'élégante sobriété, qui nous parut plus vaste qu'il n'était en réalité, la clarté tombait par les ouvertures du tambour, donnant à cette alternance de masses et de volumes une perspective immatérielle. L'artiste, qui avait su marier les pierres et le site au-dehors, s'était surpassé au-dedans en jouant magistralement avec les ombres et les lumières.
Suivant cette lueur céleste, notre regard s'éleva vers une coupole surmontant le tambour méticuleusement polygonal à base circulaire. L'ingéniosité du constructeur avait su installer un cylindre sur un plan carré afin de rendre plus spacieuse et plus aérienne une nef quasi-parfaite, aux dimensions relativement modestes.

M. : Admirables dans leur nudité, ces murs avaient été habillés de tentures d'étoffes rares, brodées d'or et d'argent, si l'on se réfère aux chroniques de l'époque.
Combien de cérémonies, de messes solennelles s'étaient-elles déroulées, en près d'un millénaire et demi, sous cette coupole, splendide en sa pureté ? Nous imaginions les officiants en aubes de dentelles finement ouvragées, recouvertes d'étoles de soie, de chapes brochées de fils d'or, ornées de perles. Nous avions l'impression de sentir encore les effluves d'encens et de storax.
Ce jour-là un prêtre et un diacre célébraient un mariage. Il n'y avait plus de brocarts sur les murs. Les vêtements sacerdotaux étaient réduits à leur plus simple expression. Les jeunes mariés et leurs familles venaient du peuple. De ce peuple qui sut mourir tant de fois pour le christianisme, ce peuple qui s'accrochait à ses montagnes, alors que tant de grands seigneurs les avaient désertées.
La liturgie se déroulait quasiment en silence, comme si les participants avaient mesuré le poids du passé dans cette église dédiée à la vierge Hripssimeh. En silence nous joignîmes nos prières à celles des présents, alors qu'une grande sérénité, venue avec les rayons du soleil couchant, traversait les fenêtres du tambour pour nous envahir.
Ce qui se passait là était d'autant plus émouvant que le régime communiste interdisait les célébrations religieuses, ne permettant l'ouverture et l'entretien de ces églises antiques que pour attirer les

touristes. Le catholicos Vazken 1° avait réussi le tour de force de garder à ce lieu son caractère sacré. Il n'y avait pas encore de messes à Sainte-Hripssimeh mais on pouvait y donner quelques sacrements. C'était un premier pas.

A. : L'émotion passée, il nous restait à étudier ce joyau de l'architecture religieuse du VII° siècle. Nous en avons décrit les murs extérieurs, échancrés de niches trapézoïdales. Il s'agit d'une astuce supplémentaire pour faire apparaître l'édifice plus grand, tout en supprimant par des traits brisés la monotonie et l'austérité des murs dans les parties rentrées ; ce qui allège le bâtiment et lui permet de résister aux séismes, si fréquents en Arménie.
Ce rectangle extérieur, creusé de niches, renferme un carré parfait. Sur chaque côté de ce plan carré se situe une abside, ceci s'appelle une tétraconque. Chacune de ces conques ou absides s'inscrit dans un trapèze afin de donner à l'église sa configuration cruciforme. Les absides de l'est et de l'ouest sont plus grandes que celles du nord et du sud.
Aux angles du carré se placent des conques de dimensions encore plus réduites, à trois-quart de cercle. Chacune d'elles communique avec une chambre carrée aux quatre angles du rectangle périphérique. Ces vestibules ne s'ouvrent que vers l'intérieur, sur la nef carrée ; ils étaient probablement destinés aux catéchumènes.
La nef carrée est surmontée d'un tambour polygonal à base circulaire. Reprenant et améliorant la conception d'Avan, l'architecte ne s'est pas contenté d'utiliser des pendentifs ; il leur a ajouté quatre petites coupoles hémisphériques, intégrées entre les arches soutenant le tambour. On ne peut qu'admirer cette ingéniosité architectonique et artistique.
Il se peut que la cathédrale d'Avan et l'église Sainte-Hripssimeh soient l'œuvre du même architecte ou que la seconde ait été édifiée par l'un de ses élèves, qui aurait surpassé son maître. Les analogies entre les deux édifices sont frappantes, au point qu'il vaut mieux en énumérer les différences.
A Avan les murs extérieurs sont rectilignes.
A Sainte-Hripssimeh, le constructeur a eu l'idée simple mais géniale de creuser les murs externes de niches trapézoïdales.
Si les lignes droites ne donnent pas à l'église d'Avan un aspect massif, elles auraient incontestablement alourdi Sainte-Hripssimeh, dont les proportions sont supérieures.

A Avan les vestibules d'angle sont circulaires, alors qu'à Sainte-Hripssimeh ils sont carrés. De ce fait celle-ci ne porte qu'un dôme, alors qu'Avan en avait cinq (*une, imposante, au milieu, et quatre autres plus petites sur les chambres d'angle*).
Avan a servi de prototype à de nombreuses églises arméniennes, mais aussi à beaucoup d'églises byzantines. Saint-Marc de Venise, dont les dimensions sont gigantesques comparées à Avan, porte elle aussi cinq coupoles sur un plan identique à celui de la cathédrale d'Avan.

M. : Tout au long de l'histoire Sainte-Hripssimeh subit les dégradations et les déprédations opérées par les envahisseurs successifs de l'Arménie. Casernement, dépôt de fourrage, elle fut d'abord pillée. Les riches tentures furent arrachées. Les précieux ustensiles sacrés emportés. La couverture du toit et du dôme saccagée.
En 1653, alors que la soldatesque iranienne ravageait le pays, abritant ses chevaux dans la cathédrale d'Edchmiadzin, le catholicos Pilippos 1° (*Philippe*) d'Albac (*1633-1655*) parvint à sauver Sainte-Hripssimeh ; on se demande par quel miracle. Il fit restaurer la toiture et le tambour. Il avait réussi, l'année précédente à faire remettre en état l'église Sainte-Gayaneh et le monastère l'environnant.
Ce même Pilippos, alors que le patriarcat était en ruines, envoya l'évêque Voskan d'Erévan en Europe pour y imprimer la Bible et maintenir la foi dans le peuple opprimé. Voskan mourut à Marseille, et ses ossements se trouvent dans la vieille cathédrale de la Major, en la capitale de Provence-Alpes-Côte d'Azur[23].
Comme nous venons de le voir, Avan et Sainte-Hripssimeh ont inspiré de nombreux sanctuaires, dont les églises byzantines.
La vérité historique et la chronologie nous rappellent que les monuments religieux byzantins à coupoles, y compris Sainte-Sophie, sont postérieurs aux églises arméniennes qui se coiffèrent d'un dôme dès le V° siècle.

A. : Chaque peuple, bien sûr, a adapté à son génie propre ce qu'il a reçu des autres.

---

[23] Pour davantage de détails, voir «*L'Eglise arménienne dans l'œcuménisme*», du même auteur, chez l'Harmattan, Paris.

On reconnaît immédiatement une église arménienne à son style et à ses dômes pyramidaux ou coniques ; ce qui la différencie des églises byzantines aux dômes arrondis et des églises russes aux coupoles en bulbe.
Mais le plan cruciforme, inscrit dans une figure géométrique est conforme aux inventions architectoniques arméniennes.
Ravenne, Saint-Marc de Venise, sont des amplifications des formes inventées par les Arméniens.
L'imitation la plus hyperbolique s'étant concrétisée à Saint-Pierre de Rome.

ZWARTNOTS

(*onzième émission*)

Maryse : En partant d'Edchmiadzin, après avoir visité Sainte-Hripssimeh, nous nous arrêtons devant un monceau de ruines, à trois km d'Erévan. Là, du VII° au X° siècle, s'étaient élevés la cathédrale Saint-Grégoire-L'Illuminateur, le catholicossat, le monastère et divers autres bâtiments.
Le soleil couchant d'un léger ciel d'automne dardait ses rayons obliques en allongeant les ombres des peupliers aux feuilles jaunies, gardiens de ces monceaux de pierres, de chapiteaux renversés, entassés autour et au-dessus d'une esplanade en forme de cirque. Pendant trois cents ans, des étudiants, des séminaristes, des moines, des prêtres, des évêques, des patriarches avaient habité, enseigné, célébré le Saint-Sacrifice sur cet emplacement. Il était difficile de se représenter les mouvements de foule, les cavalcades, toute une agitation profane et sacrée qui avaient animé Zwartnots.
Et puis, un beau jour, tout s'était écroulé.
Figés sur ce sol basaltique où scintillaient, de ci de là, les reflets vert-noirâtres des fragments d'obsidienne, ayant à nos pieds les marques d'une enceinte fortifiée, nous nous interrogions sur les raisons de cette tragédie.

Albert : L'explication la plus vraisemblable est le tremblement de terre. Les dimensions de l'église étaient très importantes pour l'Arménie, où la plupart des sanctuaires sont ramassés et de taille plus réduite afin de résister aux séismes. La cathédrale Saint-Grégoire-L'Illuminateur, construite sur trois étages circulaires, n'avait aucun angle pour absorber les chocs. Elle s'effondra pendant une forte secousse tellurique, dont elle était, peut-être, à l'épicentre. Ce qui explique que tout ce qui se trouvait à l'entour soit aussi tombé.

M. : Nous remarquions des amas de concrétions, comblant les coffrages de tuf taillés. Les assises de pierres rectangulaires subsistaient par endroits, collés aux blocs de béton. Sur des pans de murs ou des chapiteaux, gisant pêle-mêle par terre, on découvrait des motifs géométriques quadrillant les panneaux, des sculptures florales et végétales de toutes sortes.

J'ai encore devant les yeux l'image d'un écoinçon, c'est-à-dire une encoignure, sur lequel se détachait un grenadier. Des rameaux, porteurs de feuilles, se terminaient par une belle grenade ; de ce fruit qui, dans la nature, marque de taches rouges le vert foncé du feuillage de l'arbuste, poussant dans les jardins du catholicossat, à Edchmiadzin.
S'élevant dans cet amphithéâtre, désormais à ciel ouvert, des fûts de colonne monumentaux, cannelés ou lisses, avaient réussi à se tenir debout.

A. : Courant d'un vestige à l'autre, nous ne pouvions tout voir ni tout décrire. Nous nous arrêtâmes devant un chapiteau posé à même le sol comme si le pilier qui le supportait s'y était enfoncé. Ce chapiteau était dentelé de tresses de pierres. Deux rouleaux parallèles le surmontaient perpendiculairement de part et d'autre, ils étaient creusés d'une spirale de face et de dos, comme deux tapis enroulés sur eux-mêmes. Des motifs géométriques en relief, enserrés par une espèce de ceinture, en ajouraient les flancs. Entre ces cylindres, un bloc gravé d'une croix stylisée s'inscrivait dans un cercle, le symbole de l'éternité. Un troisième étage, en forme de grosses nattes horizontales, se recouvrait d'un plateau carré, ouvragé sur les bords, et dont la surface plane recevait la terminaison d'une arche et le départ d'une autre.

M. : De ci de là, des pans de murs sculptés, des motifs floraux, des dentelles de pierre nous conduisirent à un autre chapiteau, dressé sur le pavage de l'église. Un aigle s'y tenait, ailes ouvertes. Sa tête de profil, fendue d'un œil en amande, fixait avec sévérité, un horizon inconnu. Des contours ciselés de reliefs bien marqués donnaient au bec crochu toute sa puissance. Le corps délié se recouvrait de plumes à l'allure d'écailles, telle une armure descendant aux serres plantées en un robuste garde-à-vous. Le plumage des ailes déployées s'élargissait jusqu'aux rémiges, s'allongeant pour contourner le chapiteau, donnant une impression d'arrondi vers l'arrière. De chaque côté des pattes, des volutes de pierre, figurant des serpents, se retiraient devant la sereine rigueur de l'oiseau royal. Malgré cette pose hiératique on n'aurait pas été surpris qu'il s'envolât après avoir écrasé les reptiles sous ses griffes. Une représentation semblable, tête tournée dans l'autre sens, se remarquait sur un second chapiteau.

Le majestueux rapace fait partie de la mémoire du peuple arménien. Il était déjà l'emblème de l'Ourartou, il y a plus de 3.000 ans.

A. : Ces débris épars, artistiquement travaillés, nous permettaient d'imaginer la richesse de l'ornementation de l'église. On y découvrit même des fragments de mosaïques.

Nous avons vu que la cathédrale n'était pas l'unique bâtiment de Zwartnots. Au midi et au couchant, d'importantes ruines marquent l'emplacement du patriarcat, du monastère avec sa bibliothèque, son réfectoire, ses cellules et tout ce qui servait à la formation des étudiants.

Nos yeux fouillaient, exploraient, transmettaient les images à notre mémoire pour l'imprégner de ces décombres chargés d'histoire. Au-dessus de nous, comme à portée de main, étendant son ombre protectrice, le mont Ararat découpait ses deux sommets recouverts de neiges éternelles. Combien de fois l'aigle de l'Ourartou y avait-il survolé les restes de l'arche de Noé ?

M. : Entrons maintenant dans l'histoire et la technique. L'existence de la cathédrale et du catholicossat était connue. Les fouilles véritables ne commencèrent qu'au début du XX° siècle ; elles furent dirigées par l'archimandrite Khatchiq Dadian, entre 1901 et 1907. Les vicissitudes de l'histoire, qui soumirent sans répit l'Arménie aux coups du sort, ne laissaient pas aux chercheurs le loisir de se livrer à l'archéologie. Nul, d'ailleurs, ne s'intéressait à l'art arménien, et encore moins à l'architecture des églises du pays. Combien étaient-ils même à se douter qu'ils pussent exister ? Il fallut attendre le XIX° siècle pour que, timidement, un Choisy, un Millet, un Texier les découvrent. Jurgis Baltrusaïtis proclame que les architectes arméniens sont, non seulement, les précurseurs de l'art byzantin et slave mais aussi du roman et du gothique.

A. : Petit à petit, quelques esprits curieux commencent à rétablir la vérité.

La Turquie n'est pas une contrée conforme à l'image qu'on se fait d'elle en Occident. Il est impensable d'y envisager une liberté de pensée ou de circulation. Et c'est dans ce pays, qui occupe la majeure partie de l'Arménie, que se trouvent les vestiges les plus importants de l'art chrétien arménien.

Quant à l'Arménie, elle vient à peine d'être libérée d'un régime communiste oppressant, qui entravait, lui aussi, toute recherche archéologique, surtout quand il s'agissait de lieux de culte.
Thoramanian fut un des premiers à répertorier et à relever les topographies des édifices religieux arméniens. Il en dressa les plans avec méthode et rigueur scientifique. Il accompagna et initia l'Autrichien Strzygowski, qui écrit, en 1918, dans : *Die Baukunst der Armenier* :
«Le génie grec à Sainte-Sophie, le génie italien à Saint-Pierre n'ont fait que réaliser plus complètement ce que les Arméniens avaient inauguré».
Son ouvrage fait aujourd'hui encore référence pour tous ceux qui veulent étudier les églises et les monastères arméniens.

M. : Ce jour-là nous vîmes les trois cercles concentriques de la cathédrale parfaitement dessinés à nos pieds. Un immense polygone, presque circulaire, contenait un anneau chapeauté, à l'est, par un rectangle. Au centre un troisième rond, dans lequel s'inscrivait un plan cruciforme en forme de feuilles de trèfle. A l'extérieur des angles quadrifoliés, on découvrait quatre absidioles.

A. : On peut se demander pourquoi un tel complexe fut élevé aussi près d'Edchmiadzin. On en doit l'existence au catholicos Nersès III d'Ichkhan (*641-661*). Il voulait symboliser le lieu de rencontre entre le roi Tiridate III et son cousin saint Grégoire l'Illuminateur, entre Vagharchapat, où fut construite Edchmiadzin, et Achtichat, autre résidence patriarcale. Le point géométrique de cette entrevue était exactement, d'après ses calculs, à Zwartnots, à dix-huit kilomètres à l'ouest d'Edchmiadzin.
Nersès III fit construire de nombreux couvents, chapelles et églises. Il fut surnommé Chinogh (*le Constructeur*).
Zwartnots veut dire, *les anges sereins et vigilants du ciel*. Le catholicos décida, en 641, d'y édifier les bâtiments du catholicossat autour d'une grandiose église circulaire. Il la dédia à saint Grégoire l'Illuminateur.
Patriarcat, monastère, université et cathédrale furent achevés en 661. C'est dire l'enthousiasme et la foi du peuple chrétien, alors que le pays se trouvait sous tutelle arabe. Les envahisseurs qui avaient contraint, dans un premier temps, le catholicos à se réfugier dans son ancien diocèse de Géorgie, en l'accusant de sympathies pour les

Grecs. Ajoutons que les Arabes furent tolérants envers les Arméniens et leur foi chrétienne, puisqu'ils permirent à Nersès III de revenir prendre la tête de son Eglise. Tournebize nous l'apprend : «*Nersès revint six ans plus tard dans sa résidence patriarcale. Il y fit bâtir une magnifique église, qu'il entoura d'un mur fortifié, construit en belles et fortes pierres de taille ; puis il amena le cours du fleuve Khassagh dans une plaine sablonneuse et déserte, et la changea bientôt en un verdoyant jardin*».

M. : Le catholicos formait, probablement, le dessein d'imposer une innovation dans le style des églises ; à moins qu'il n'ait suivi les conseils d'un maître d'œuvre qui avait une préférence pour les églises circulaires. Toujours est-il, qu'avant de s'attaquer à Zwartnots, Nersès III avait fait construire un prototype en modèle réduit dans son village natal d'Ichkhan. Cette église s'écroula en même temps que Zwartnots, au X° siècle, sans doute sous le coup du même tremblement de terre. La colonnade de l'abside ayant résisté au séisme on l'intégra dans le chœur du nouveau sanctuaire reconstruit au X° siècle. Ce fut l'un des éléments, peut-être, qui permit à Thoramanian de reconstituer Zwartnots.
L'église d'Ichkhan et la cathédrale Saint-Grégoire-l'Illuminateur de Zwartnots sont les premiers exemples au monde d'églises circulaires.

A. : L'église de Zwartnots était constituée de trois étages en gradins. Chaque partie prenait appui sur l'étage inférieur, et se rétrécissait en s'élevant vers le dôme ; le troisième élément servait de tambour sous la coupole.
L'anneau le plus large, au rez-de-chaussée faisait office de déambulatoire ; il était plutôt polygonal, mais ses côtés multiples lui donnaient une allure de cercle. Une structure quadrifoliée s'inscrivait au milieu de ce cercle, formant quatre absides de dimensions égales en plan carré cruciforme.
En réalité son type était identique à celui des églises à coupole en forme de croix équilatérale ; mais au lieu d'être contenue dans un rectangle comme Edchmiadzin, Avan ou Sainte-Hripssimeh, elle était inscrite dans un cercle. C'est ce qui en faisait toute l'originalité.
Les conques, à l'exception de celle de l'est, où se situait le maître-autel, communiquaient avec le déambulatoire à travers une

colonnade à arcades semi-circulaires. Ces colonnes et les parois de l'abside orientale se raccordaient à quatre piliers massifs sur les chapiteaux desquels figuraient les fameux aigles de l'Ourartou. Le raccordement se faisait à l'aide de quatre arches délimitant un espace voûté par les absides.
Le second étage venait, à l'extérieur, prendre appui sur ces voûtes.
Revenons aux quatre piliers structurant les absides. Ils soutenaient, par un jeu de trompes, dont nous connaissons maintenant la technique, le troisième cercle qui était, en réalité, le tambour couronné par le dôme.

M. : L'évêque et historien Sébéos nous explique que Nersès III : «*bâtit l'église avec de hautes murailles et toutes sortes de merveilles, dignes de l'honneur divin auquel il les consacrait*».
La cathédrale avait été magnifiquement décorée. Des sculptures florales, des motifs géométriques, des arches, des piliers ouvragés, des mosaïques, des tentures, des tapis, du bois ciselé donnaient aux célébrations et aux cérémonies un faste et une ampleur qu'on ne peut imaginer de nos jours. Elle fut un chef-d'œuvre d'architecture, une synthèse et un sommet des expériences pluri-séculaires des architectes arméniens dans l'art de la construction.
Rappelons, une fois de plus, qu'elle date du VII° siècle ; d'une époque où l'Occident ne se doutait même pas qu'il pût exister un dôme, un plan cruciforme, des conques, un transept, en matière d'édifice religieux chrétien.
Zwartnots inspira de nombreuses églises.
Le roi de Géorgie, Adarnès (*888-929*), de la famille royale arménienne des Bagratides, en fit ériger une réplique à Bana (*région de Tao Klarjéti*). L'Albanie Caspienne (*actuellement Azerbaïdjan ex-soviétique*) en possédait une autre copie à Liakit. Gagiq 1°, roi bagratide de Grande Arménie, fit construire, de 1001 à 1005, une copie exacte de Zwartnots à Ani, sa capitale. Elle fut consacrée à saint Grégoire l'Illuminateur ; on la surnomma *Gagiqchen* (*construite par Gagiq*). L'historien russe, Marr, l'a découverte. Tous ces sanctuaires sont tous plus ou moins en ruines.
Mises à part ces églises, toutes circulaires, Zwartnots a eu une influence considérable sur les édifices postérieurs, au VII° siècle. Nous ne citerons que la grande église de Talinn (*dont nous avons décrit les fresques dans une émission antérieure*), celle de Talich, l'église polyabsidale de Zoravar et quelques autres. Elles sont de

types variés mais toutes s'inspirent des formes décoratives de Zwartnots. On perçoit cette emprise jusqu'au XI° siècle ; tantôt copie comme à Bana, Liakit ou Gagiqchen, tantôt œuvre originale, reprenant, pour cette dernière, des techniques et des suggestions de Zwartnots.
Prenons un seul exemple : la *chapelle du berger* ou *du pasteur*, à Ani. C'est une petite merveille à six branches qui se terminent, chacune, par une abside polygonale. Elles sont inscrites dans une circonférence parfaite, comme un bouclier, une rondache, marqué de l'étoile de David (*page 103*). On voit que Thoramanian ne manquait pas d'éléments pour sa reconstitution.

A. : Mais ce que l'architecte-archéologue arménien a reconstitué patiemment est corroboré par une représentation de Zwartnots à Paris. Dans l'île Saint-Louis, à côté du palais de justice se trouve un magnifique édifice gothique sur deux niveaux, la Sainte-Chapelle. Après avoir admiré les décorations du rez-de-chaussée, on grimpe au premier étage par un escalier encastré dans la paroi ; on y découvre une merveilleuse et somptueuse ornementation et de remarquables vitraux. Se recueillir est difficile au milieu de la cohue des touristes. Nous avons la chance d'obtenir l'autorisation de sortir sur la terrasse de pierre ouvragée.
Sur le montant sud du portail, l'œil est attiré par plusieurs représentations, sous divers angles, d'un vaisseau portant une église circulaire à trois étages. C'est l'église Saint-Grégoire-l'Illuminateur de Zwartnots représentant l'arche de Noé, qui s'est posée sur le mont Ararat. Dans l'un des cadres on voit les animaux entrant dans la nef (*page 104*). Sur un autre on remarque les corps emportés par le déluge alors que le patriarche et sa famille se penchent sur le bastingage. Comment cette cathédrale arménienne a-t-elle pu être gravée sur l'église de Louis IX, saint Louis, roi de France ?
Le roi d'Arméno-Cilicie, Héthoum 1° (*1226-1269*), cherchait, des alliances pour pouvoir maintenir son royaume face à l'invasion turque. Il avait gagné le soutien des Mongols, - qui commençaient à se convertir au christianisme nestorien -, et que les missionnaires latins, par leur maladresse et leur impéritie, auront tôt fait de détourner de la foi du Christ. Il ne pouvait pas compter sur les Croisés, amollis dans les délices de l'Orient. A l'est se profilait le danger de l'invasion de Temoudjin surnommé Genghis Khan (*le grand roi*).

Lorsque la VII° Croisade, conduite par Louis IX, arriva en 1248, celui-ci rechercha l'amitié du roi d'Arménie ; il le réconcilia avec Bohémond V. Héthoum 1° consolida ce rapprochement en donnant l'une de ses filles à Bohémond VI, fils du précédent, prince d'Antioche et comte de Tripoli. Pour remercier le roi de France de ses bons offices, le roi d'Arménie demanda au catholicos de tous les Arméniens, Constantin 1° de Partzerperth (*1221-1267*), chargé de cadeaux somptueux, de rencontrer saint Louis en Chypre, en 1249. C'est à cette occasion qu'on s'entretint, sans doute, d'art et d'architecture et que le roi de France apprit l'existence de la cathédrale de Zwartnots. Les évêques ou les moines de la suite du catholicos, ou même les barons arméniens, membres de la délégation, durent montrer des croquis ou des représentations illustrées de Saint-Grégoire-l'Illuminateur de Zwartnots à leurs homologues français. A son retour, Louis IX fit graver ces images sur un des piliers de la Sainte-Chapelle dans sa capitale. Les trois gradins superposés, coiffés d'un dôme, y sont parfaitement représentés. On retrouve sur le deuxième cercle la colonnade extérieure à demi-engagée, comme une monumentale balustrade aveugle, et les fenêtres circulaires du troisième étage, qui fait office de tambour.

En ruines en Arménie, Saint-Grégoire-l'Illuminateur de Zwartnots revit en France, à la Sainte-Chapelle, faisant le lien entre l'Eglise d'Orient et l'Eglise d'Occident.

Et la boucle est bouclée

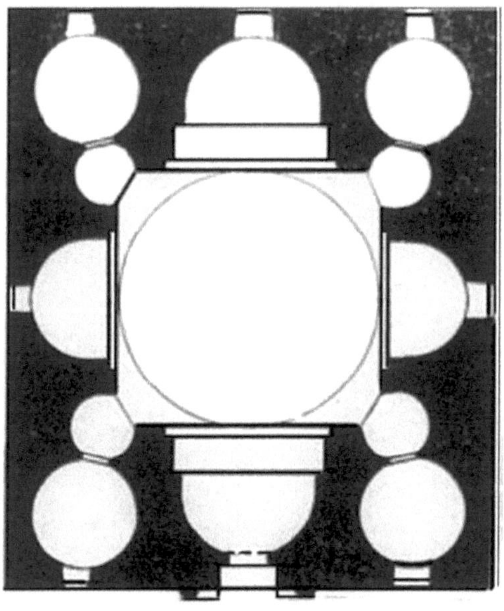

Cathédrale SAINT-JEAN d'Avan
(VIe siècle)

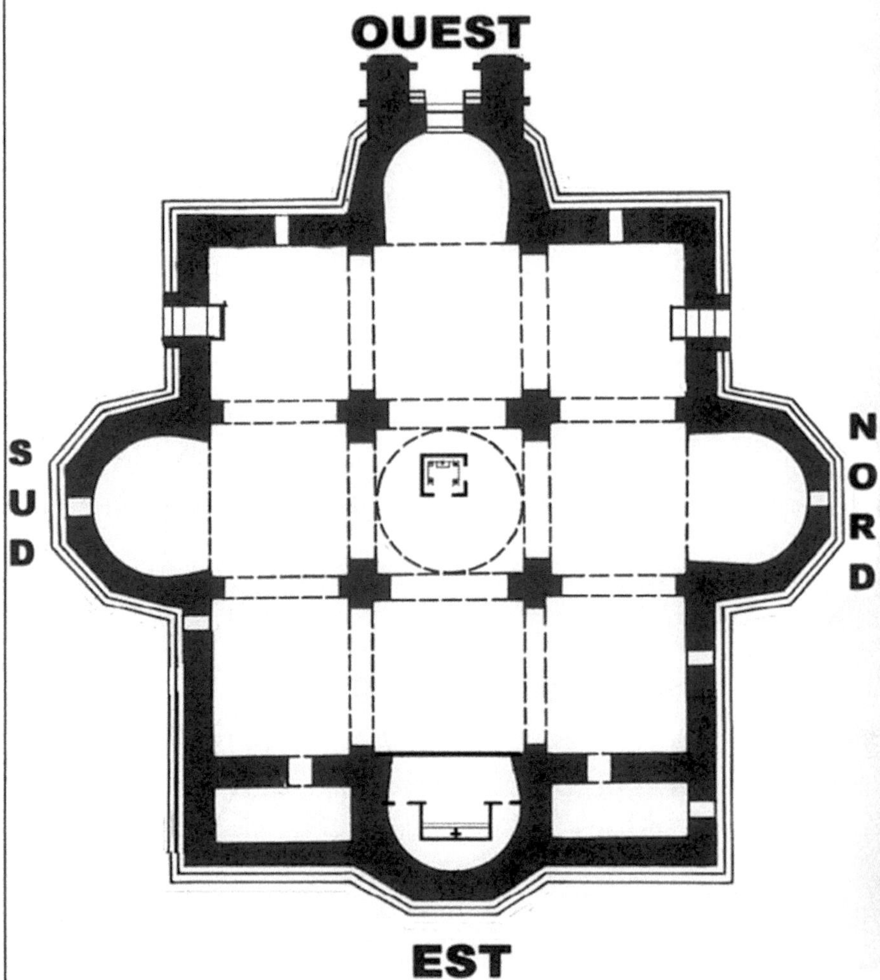

PLAN DE LA BASILIQUE D'EDCHMIADZIN
(IV°-V° siècles)

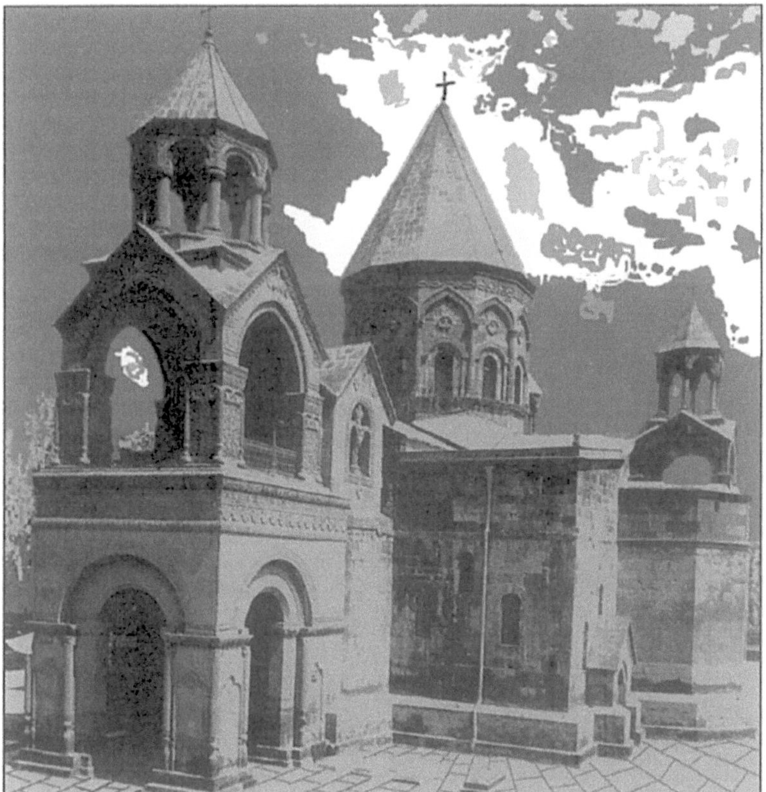

SAINTE-EDCHMIADZIN (303)
Première basilique de la chrétienté

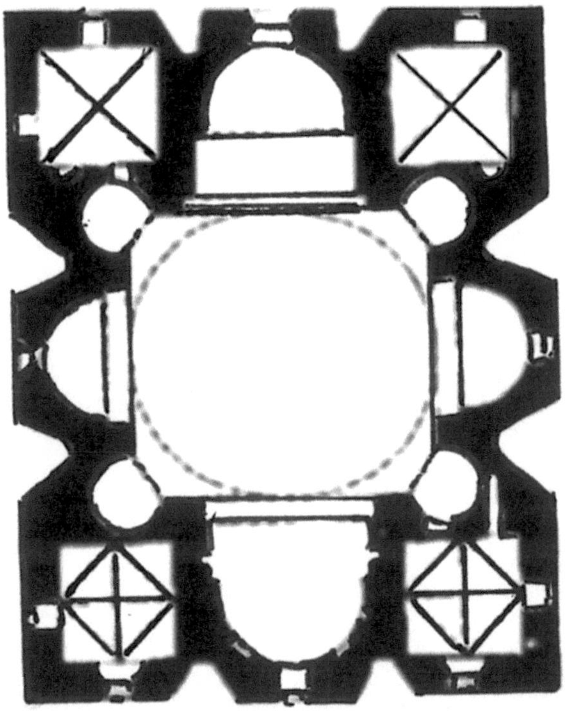

Eglise Sainte-Hripssimeh (VII° siècle)

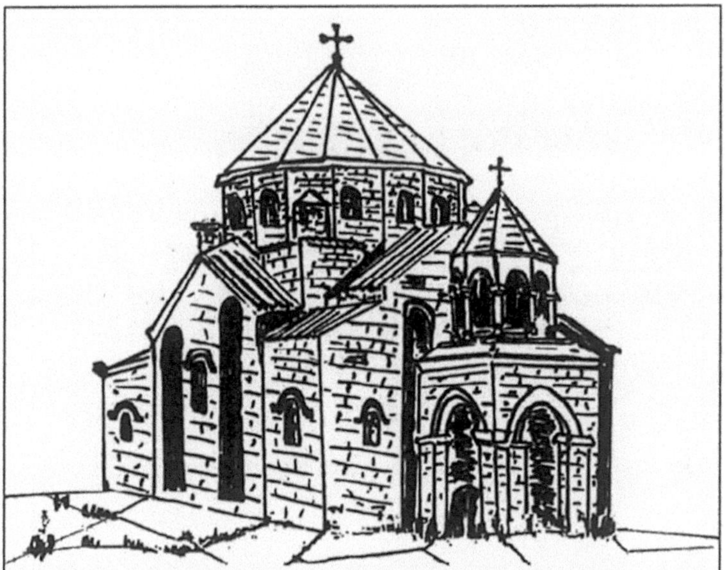

EGLISE SAINTE-HRIPSSIMEH (618)

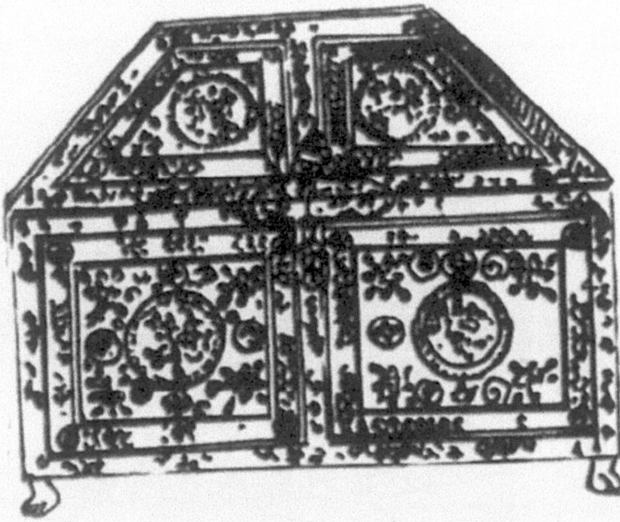

CASSETTE-RELIQUAIRE (Xᵉ siècle)

Trésor de la cathédrale de Trèves (Allemagne)

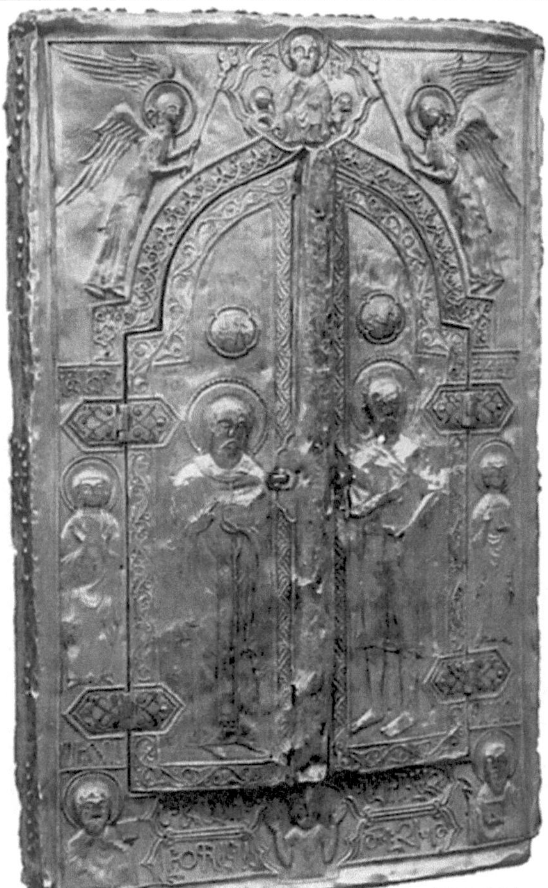

Reliquaire d'Edchmiadzin
(fermé)

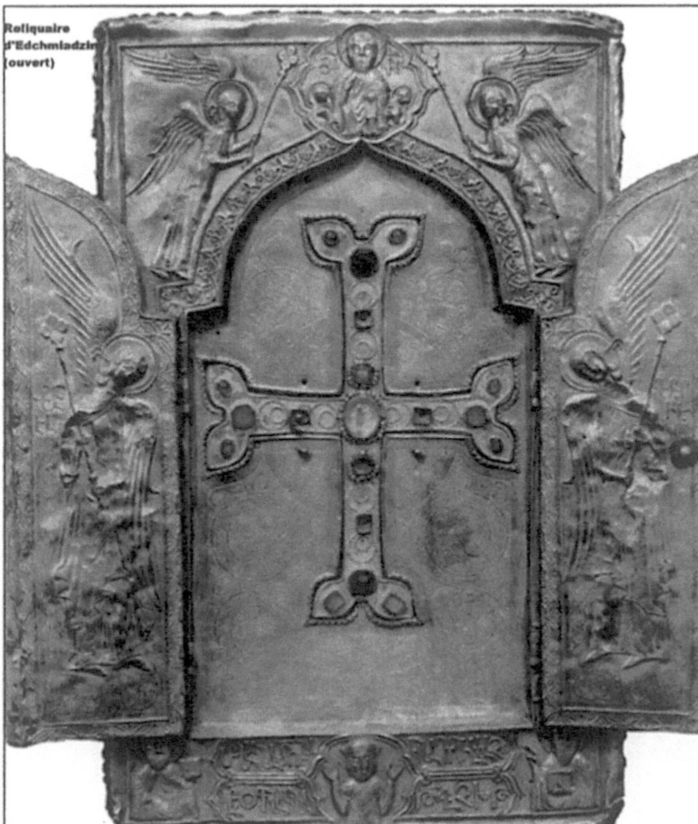

Reliquaire d'Edchmiadzin (ouvert)

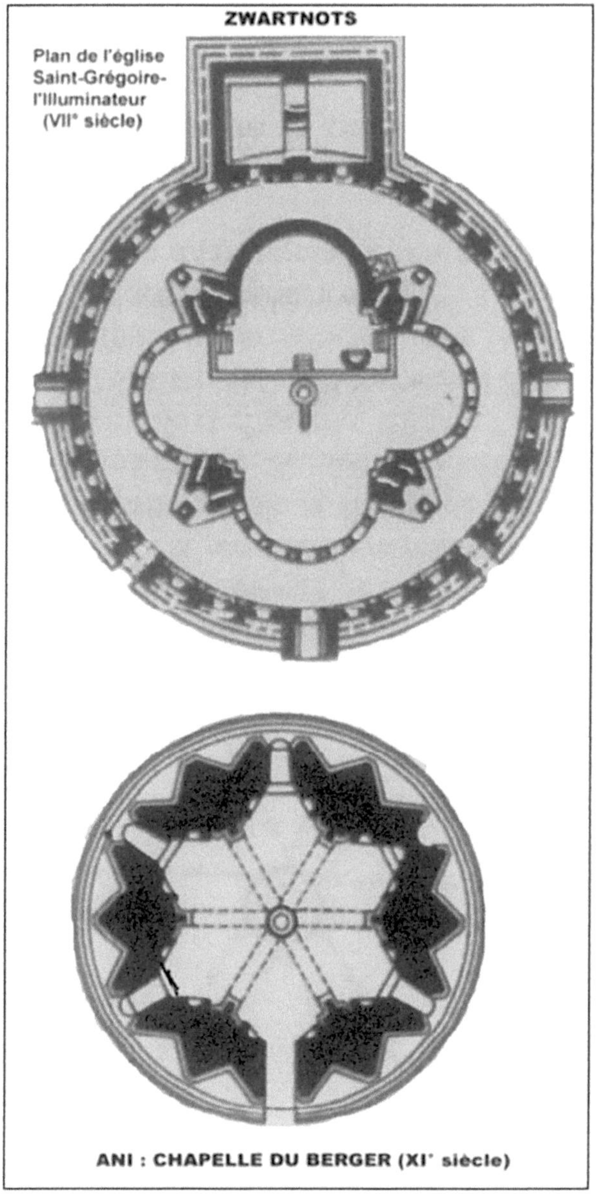
ZWARTNOTS
Plan de l'église
Saint-Grégoire-
l'Illuminateur
(VIIe siècle)
ANI : CHAPELLE DU BERGER (XIe siècle)

Représentation de la cathédrale de Zwartnots sur un des piliers de la Sainte-Chapelle à Paris

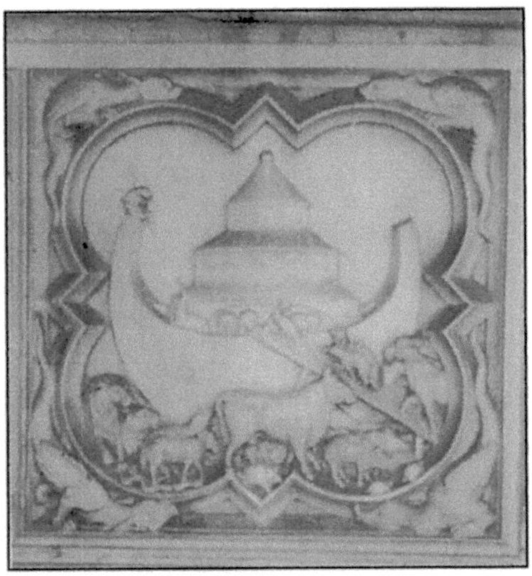

BIBLIOGRAPHIE

AGATHANGE : Histoire de l'Arménie, traduit de l'arménien par Victor Langlois, Paris, 1867.

AHARONIAN : Les Anciennes Croyances arméniennes, Marseille, 1980.

ALBERTINI, MARÇAIS, YVER : L'Afrique du Nord Française dans l'Histoire, Lyon-Paris, 1937.

ALISHAN (*le père*) : * L'Arménie pittoresque, Venise, 1861.
* Sissouan, Venise, 1881.

ARMENIE, TRESORS DE L'ARMENIE ANCIENNE, édité par le Conseil Général de Loire Atlantique (*Musée Dobrée*), à l'occasion de l'exposition à Nantes : *Arménie, des origines au IV° siècle,* chez Somogy, Editions d'Art.

ASLAN : Etudes historiques sur le peuple arménien, Paris, 1928.

AUDRA : L'église carolingienne de Germigny-des-Prés, Paris, 1928.

AVI-YONAH : Mosaic Pavement in Palestine, Dépt of Antiquities in Palestine, 1932.

AVI-YONAH, MICHAEL et AARON KEMPINSKI : Syrien-Palästina II, Munich, 1980.

BACHMANN : Kirchen und Moschen in Armenien und Kurdistan, Leipzig, 1913.

BALTUSAÏTIS : * Le problème de l'ogive et l'Arménie, Paris, 1936.
* L'église cloisonnée en Orient et en Occident, Paris, 1941.

BALTY : Mosaïques Antiques de Syrie, Bruxelles, 1977.

BARKHOUDARIAN : Architectes et sculpteurs arméniens au Moyen-Age (*en arménien*), Erévan, 1963.

BERNHEIMER : Alte Teppiche des 16. bis 18. Jahrhunderts der Firma L. Bernheimer, Münich, 1959.

BROSSET : Les ruines d'Ani, capitale de l'Arménie. Sous les rois Bagratides au X° et au XI° siècles, Saint-Pétersbourg, 1861.

BURTT : The People of Ararat, London, 1926.

BUSULESCEANU : Influences arméniennes dans l'architecture religieuse du Bas-Danube, Bucarest, 1928-1931.
CHARPENTIER : Les Jacques et le mystère de Compostelle, Paris, 1979.
CHOISY : Histoire de l'architecture, Paris, 1899.
CONTENEAU : Civilisation des Hittites et des Hourrites en Mitanni, Paris, 1931.
DERMERGUERIAN : Armeniaca, Université de Provence, 2004.
DER NERSESSIAN : L'art arménien, Paris, 1977.
DULAURIER : * Documents arméniens, Paris, 1869.
* Recherches sur la chronologie arménienne technique et historique, Paris, 1859.
DUMEZIL : Une chrétienté disparue. Les Albaniens du Caucase, Paris, 1940-41.
GANTZHORN : Le tapis oriental, traduit de l'allemand par Francine Evéquoz, Köln, 1991.
GHAZARIAN : Armenian Carpets, Moscou, 1985.
GROUSSET : * Les Croisades, Paris, 1944.
* Histoire de l'Arménie, Paris, 1984.
HANGELDIAN : Les tapis d'Orient, traduit de l'italien par Jeanne de Recqueville, Paris, 1959.
HUBERT : Germigny-des-Prés, Paris, 1931.
IORGA : * Brève histoire de la Petite Arménie, Paris, 1930.
* L'Arménie cilicienne, Paris, 1930.
JEAN SIRE de JOINVILLE : Histoire de saint Louis, Paris, 1997.
KALOUSTIAN (+ *patriarche de Constantinople*) : Saints d'origine arménienne. Biographie de saint Grégoire l'Illuminateur (*en arménien*), Istanbul, 1982.

KHATCHATRIAN : L'église du Berger et les compositions étoilées, Paris, 1952.
KHATCHKARS ARMENIENS : Par ordre de S.S. Vazken 1°, Edchmiadzin, 1973.
KHAZINEDJIAN : * L'Eglise arménienne dans l'Eglise universelle, Paris, 2002.

* L'Eglise arménienne dans l'œcuménisme, Paris, 2002.

* La pratique religieuse dans l'Eglise arménienne apostolique, Paris, 2003.

KRUMBACHER : Die armenische Kunst, Leipzig, 1909.

LANGLOIS : Collections des historiens anciens et modernes, Paris, 1867.

LEHMANN-HAUPT : Materialen zur älteren Geschichte Armeniens und Mesopotamiens, Göttingen, 1907.

LEMERLE : Histoire de Byzance, Paris, 1975.

LYNCH : Armenia, London, 1901.

MACLER : * L'architecture arménienne dans ses rapports avec l'art syrien, Paris, 1920.

* Anciennes églises d'Arménie, Paris, 1923.

* 3 conférences sur l'Arménie, Paris, 1924.

* 4 conférences sur l'Arménie, Paris, 1932.

MARR : Ani, d'après les fouilles de 1892-1893 et 1904-1917, Paris, 1921.

MATTHIEU d'EDESSE : Chronique, traduit de l'arménien par Edouard Dulaurier, Paris, 1868.

MOÏSE de KHORENE : Histoire de l'Arménie, traduit de l'arménien par Victor Langlois, Paris, 1869.

MORGAN (*de*) : Histoire du peuple arménien, Marseille, 1981.

MUYLDERMANS : La domination arabe en Arménie, Paris, 1927.

NORDENFALK : An illustrated Diatessaron, 1968.

ORBELI : Le guide d'Ani, Saint-Pétersbourg, 1910.

ORMANIAN (+ *patriarche de Constantinople*) : * L'Eglise arménienne, Antelias, 1954.

* Asgabadoum (*Histoire de la nation*), en arménien.

PASDERMADJIAN : Histoire de l'Arménie, Paris, 1964.

PAYLAGUIAN (*le père*) :Histoire ecclésiastique arménienne (*en arménien*), Paris 1941.

PASTAKEAN : A propos de l'art arménien, Paris, 1928.

PIOTROWSKI : Ourartou, Paris, 1969.

RÜBESAMEN : Die Reisen des Venezianers Marco-Polo, Munich, 1983.

SASSOUNI : Rugs with Armenian Inscription ; The Armenian Review, Vol. XXXV, n° 4, 1982.

SANDALGIAN : Histoire documentaire de l'Arménie, Rome, 1917.

SEBEOS (*l'évêque*) : Histoire de Héraclius, traduit de l'arménien par Frédéric Macler, Paris, 1904.

SCHLUMBERGER : Un empereur byzantin, Nicéphore Phocas, Paris, 1890.

SCHÜRMANN : Der Pazyryk. Seine Deutung und Herkunft, New-York-Mannheim, 1982.

SLATER : Ani, Armenia, London, 1897.

STRZYGOWSKI : * Origin of Christian Church art. Oxford, 1923.
* Die Baukunst der Armenier und Europa, Wien, 1918.

TABARI : Livre des Prophètes et des rois (*en arabe*), Leyde, 1879-1893.

TCHOBANIAN : Le peuple arménien, son passé, sa culture, son avenir, Paris, 1913.

TEKEIAN : Marseille, la Provence et les Arméniens, Marseille, 1929.

TEXIER : Description de l'Arménie, de la Perse et de la Mésopotamie, Paris, 1842-1852.

TOYNBEE : A Summary of Armenia History, London 1916.

THORAMANIAN : * Les matériaux de construction avec leur mode d'utilisation en ancienne Arménie (*en arménien*), Erévan, 1932.
* Architecture arménienne (*en arménien*), Erévan, 1948
* Zwartnots (*en arménien*), Beyrouth, 1949.

TOURNEBIZE : Histoire politique et religieuse de l'Arménie, Paris, 1910.

UTUDJIAN : Mission technique en Arménie, Paris, 1962.

VARBEDIAN : Qui sont finalement les Aryens (*en arménien*), Marseille, 1988.

VIDAL : Metzamor : les plus anciennes aciéries du monde, Sciences et Vie, Paris, 1969.

ZENOB de GLAK : Histoire du district de Daron, traduit de l'arménien par Victor Langlois.

633666 - Décembre 2015
Achevé d'imprimer par
1livre.com
du rêve à la réalité !